12 Jahre Bootseigner
einer
Dehler 31 Segelyacht

Lohnt sich der Kauf
einer eigenen Yacht?

Hermann Dünhölter

Hermann Dünhölter

Ausgabe Juni 2016

ISBN 9783741207198

Herstellung und Verlag

BoD - Books on

Demand, Norderstedt

Vorwort

Was macht man nicht alles als Rentner? Vorweg, es darf sich jeder auf diese Zeit freuen, in der man sich in aller Ruhe den Dingen widmen kann, die von persönlichem Interesse sind. Besonders unter dem Zeitdruck im Berufsalltag sind – sicher nicht nur bei mir – viele Dinge auf der Strecke geblieben. Umso mehr freut man sich, Liegengelassenes aufgreifen zu können, in Vergessenheit Geratenes aus irgendwelchen Regalen hervor zu holen, aufzuräumen, auszumisten, sich von Überflüssigem zu trennen, einen Abschluss zu finden. Was kann schöner sein?!

Auf diese Weise fielen mir all die Belege, Rechnungen, Quittungen wieder ein, die ich in den Jahren seit Kauf des Bootes einfach in einer großen Box gesammelt hatte.

Überhaupt neige ich dazu, mich nur schwer trennen zu können. So verwahre ich beispielsweise Original-Verpackungen von technischem Gerät auf. Für den Fall eines Umzugs oder Verkaufs ist das unbestreitbar von Vorteil. Dass die 8 m² meines Kellers dafür eigentlich viel zu klein sind, stört mich schon gelegentlich, wenn ich etwas umräumen muss, bevor in entlegenen Winkeln Gesuchtes zum Vorschein kommt. Trotzdem, die Kartons bleiben. So nahm ich mir Zeit und ordnete die Belege, übertrug sie in Excel.

Nachdem ich in den ersten Jahren der Rentenzeit meine Neugierde auf die Welt durch Reisen nach Asien, Afrika, über den Atlantik, die Karibik und Indien gestillt und die entsprechenden Reisetagebücher darüber sich erstaunlich gut verkaufen, kam mir die Idee für ein viertes, dieses Buch.

Dabei wende ich mich an diejenigen, die sich mit dem Kauf eines Segelbootes befassen. Im Vorwege einer solchen Entscheidung werden die Kosten dieses Schrittes vielfach unterschätzt. Manch einer kauft für kleines Geld ein Boot und wundert sich dann, was über die Jahre zusammenkommt.

Zweifellos geht der Trend immer mehr hin zu einem Käufermarkt, da viele Eigner aus Altersgründen ihr Boot aufgeben müssen. Dass dann ein Rattenschwanz von Ausgaben folgt, davon ahnen die meisten zwar etwas, aber sicherlich ist es eine Hilfe, diese Zahlen mal schwarz auf weiß vor sich zu sehen.

Im Laufe der Zeit habe ich eine ganze Reihe von Eignern einer Dehler Yacht getroffen und mich mit ihnen ausgetauscht. Dabei ist mir klar geworden, dass viele von ihnen sowohl handwerklich geschickter als auch seemännisch erfahrener waren als ich. Ich würde mich keinesfalls als ungeschickt im Umgang mit all der Heimwerker-Gerätschaft bezeichnen, und die Liste der Maschinen und Werkzeuge, die ich zur Bootspflege und – reparatur angeschafft habe, ist recht lang: Bohrer, Winkelschleifer, Bandschleifer, Exzenterschleifer, Schwingschleifer, Poliermaschine, Fettpresse, Heißlüfter, Wagenheber etc. Im Unterschied zu meinem Winterlagernachbarn, der z.B. sein Vorstagprofil aus Kevlar selbst hergestellt hat (das könnte ich nie) und der ausschließlich hochwertiges Werkzeug z.B. der Marke Fein oder gleicher Qualität einkauft, begnüge ich mich mit deutlich günstigeren Produkten. Manch einer, der ggf. selbst eine handwerkliche Ausbildung genossen hat, handwerklich geschult ist oder schlichtweg gründlicher arbeitet als ich, wird die im Buch vorgestellten Lösungen daher möglicherweise belächeln. Meine Zielgruppe soll daher diejenige sein, die weder den Standard professionellen Bootsbaus erstellen können, aber auch nicht jedes Problem von einer Werft oder einem Handwerksbetrieb lösen lassen wollen. Irgendwo dazwischen liege ich mit meinen durchschnittlichen Begabungen auf diesem Gebiet, und jeder, der sich ebenso dort einordnet, sollte von meinen Erfahrungen profitieren können.

Drei Beispiele:
- Eine notwendige Kielsanierung erledigte ich größtenteils in Eigenarbeit, d.h. das Herunterlassen des Kiels (1,3 t), das Entfernen alter Lack-, Spachtel- und Harzschichten, das Grundieren und den Wiederaufbau. Aber, das Anflanschen des Kiels überließ ich der Werft.
- Die Holzplatten des Brückendecks oder die Resopalplatten bei der Pantry-Erneuerung ließ ich von einem Tischler passgenau zuschneiden, den Einbau machte ich selbst.
- Die undichte, mittlere Bahn der Sprayhood, durch die Regenwasser in den Niedergang tropfte und die mit Imprägnierungsspray nur kurzfristig dicht zu bekommen war, ersetzte ich zuhause mit meiner Nähmaschine. Hingegen ließ ich die neue Sprayhood von einem

Segelmacher fertigen. Er machte mir ein gutes Angebot, versprach sich durch das Erstellen eines Prototyps für die Dehler zusätzlichen Umsatz.

Jeder Leser wird sich darin wiederfinden bzw. seinen Standort besser bestimmen können in dem, was er sich zutraut selbst zu machen und was er in professionelle Hände geben möchte. Das bewegt die Kosten in die eine oder andere Richtung erheblich.

Sicherlich, hoffentlich, liegt aber ein Erfahrungsschatz für seemännische Neulinge bereit, denn mit einer mittlerweile insgesamt 16-jährigen Erfahrung als Bootseigner, den ca. 18.000 sm auf See gebe ich gerne besonders denen eine Hilfe, die sich mit der Anschaffung einer kleinen Yacht beschäftigen, um ihnen den passenden Umgang mit einem eigenen Boot zu erleichtern.

Wie alles anfing

Zu verdanken habe ich die Segelleidenschaft meinen Eltern. Das Abitur war bestanden, und als Belohnung fuhren wir ein letztes Mal gemeinsam in Urlaub, an den Wörthersee in Österreich. Ich durfte mich für einen 14-tägigen Segelkurs anmelden. Bei allerbestem Flauten-Wetter dümpelte die Ausbildungsgruppe auf Jollen und einer Yacht auf dem See herum, nur gelegentliche kleine Brisen ließen ahnen, dass Segeln auch so richtig Spaß machen kann.

Studium, Beruf, Alltag – knapp zwei Jahrzehnte vergingen, in denen das Segeln bis auf die seltene Ausleihe einer Jolle in Vergessenheit geriet.
Es war Anfang der 80er Jahre, als das Windsurfen in Mode kam und mein Interesse am Segeln neu entfachte. Ersten Versuchen auf dem Oortkatener See im Südosten Hamburgs mit einem riesigen Brett (wie man es heute für das Stehpaddeln wieder sieht, jede Mode scheint sich irgendwie zu wiederholen :) und extrem schlecht geschnittenem Segel folgten mit zunehmender Erfahrung und

besserem Material ganz allmählich wunderbare Wochenenden auf Fehmarn und in Hvide Sande. Im Flachwasser konnte man dort nach einem Sturz leicht wieder auf das Brett kommen, die neuen Bords waren klein und schlank, die Segel leicht, am Achterliek ausgestellt und gelattet. Kurz und gut, es war ein Flitzen und Rauschen über das Wasser, herrlich.

Wäre da nicht die Kälte gewesen, wäre ich dem Surfen treu geblieben. Der Neopren-Anzug schützte zwar vorm Auskühlen, aber die Feuchte auf der Haut, der kalte Wind, das ständige Frösteln und Zittern waren nicht sonderlich angenehm.

Wieder folgten Jahre ohne Segeln. Mitte der 90er Jahre war es dann soweit, dass mich das Yachtsegeln interessierte. Die finanziellen Voraussetzungen für die Anschaffung eines Kielbootes waren gegeben, Neugierde und Interesse wieder geweckt. Zwangsläufig mussten die Segelscheine her, ich besaß ja nur den A-Schein.

Für den Sportbootführerschein See zum Führen eines Bootes mit einem Motor von mehr als 5 PS meldete ich mich ganz brav bei einer Segelschule an. Im Wesentlichen ging es um das Erlernen der Theorie, das Praxis-Angebot beschränkte sich auf die eine Trainingsstunde auf einem Motorboot mit entsprechender Leistung. Die Unterrichtsabende in der Schule gestalteten sich sehr angenehm. Eine junge Studentin führte durch sämtliche Themen, die Atmosphäre war locker und entspannt. Die Zeit verstrich im Nu. Wenige Tage vor der Theorie-Prüfung musste ich allerdings feststellen, dass ich viele Fragen aus dem Prüfungspool nicht beantworten konnte. Mir wurde klar, dass ich den Stoff nochmals in aller Gründlichkeit alleine durchgehen musste. Das war auch gut so, denn anders hätte ich die Prüfung nicht bestanden. Das gab mir zu denken. Die Theorie zu allen weiteren Führerscheinen und Zeugnissen habe ich autodidaktisch gelernt, mit Erfolg und einer großen Ersparnis an Geld und Zeit.

Die Praxisprüfung für den Sportbootführerschein See musste auf einem echten Schlepper ablegt werden, einem wesentlich größeren und stärkeren Boot als in der Trainingsstunde. Ich hatte Glück, musste lediglich ein Ablege-, und ein Mann-über-Bord Manöver fahren (das heißt wohl neuerdings politisch korrekt Mensch-über-Bord Manöver, das sagen mir meine Chartergäste, später mehr dazu). Ob ich das Anlegen mit dem schweren

Kahn geschafft hätte, wage ich zu bezweifeln. Der weiterführende Schein war der BR-Schein, heute Sportküstenschifferschein, SKS, schließlich wollte ich auf die Elbe, die Nord- und die Ostsee. Die wesentlich umfangreichere Theorie erlernte ich wiederum in Eigenregie, die Prüfung fand beim DSV in Hamburg Steilshoop statt. Ein beglückendes Gefühl, eine Prüfung zu bestehen, die diesen Namen auch verdient. Mehrere Prüfer hatten ein wachsames Auge auf das Geschehen, man musste sich also verdammt anstrengen, die Durchfallquote beim DSV war nicht ohne. Die Praxisprüfung zum BR-Schein stand an beim BSC, dem Blankeneser Segel-Club e.V., ein spannendes, lehrreiches Ereignis, machte riesigen Spaß. Peilen mit der Peilscheibe, mit dem Stand-, dem Handpeilkompass, das Herstellen eines Tacklings, Leinenwurf und natürlich die Segel-Manöver auf der Elbe im Gezeitenstrom. Geschuldet war dieses wundervolle Prüfungsevent dem selbstlosen Engagement eines Seniors des Vereins. Seemannschaft at its best! Unbezahlbar, wenn einem etwas vorgelebt wird, was man später in der Realität so häufig vermisst. Hilfsbereitschaft,

Rücksichtnahme, Respekt vor der See. Seemannschaft ist viel mehr als nur das fachgerechte Steuern eines Bootes.

Parallel zum Theorie-Erwerb wollte ich endlich auch Praxis gewinnen auf einer ´richtigen´ Yacht. Bei der Hamburger Agentur *Schoenicke Skipperteam*, buchte ich einen Überführungstörn von Kiel in die Westerschelde.

Die Dinge, die man das erste Mal tut, vergisst man bekanntlich selten. So ist mir dieser Törn auch heute noch in guter Erinnerung. Der Skipper war ein Schwergewicht in seinen 40ern, entsprach dem Bild eines Seebären. Er hatte viel Erfahrung, strahlte Ruhe aus, agierte mit Bedacht. Bis heute profitiere ich von ihm. In schwierigen Situationen nicht die Ruhe zu verlieren, eine Grundvoraussetzung für sichere Seefahrt, ein wichtiger Baustein bei der Bewältigung eines Seenotfalls.

So fuhr ich das erste Mal durch die Kieler Schleuse, den NOK, die Brunsbütteler Schleuse, segelte auf der Unterelbe, steuerte Cuxhaven an, auf einer Malö 106. Die Yacht gefiel mir auf Anhieb, ein gemütlicher Salon, zwei schöne Kammern, die passende Größe für eine 3-Mann Besatzung: Skipper Hans, Mitsegler Uwe, mit dem ich noch heute in Kontakt stehe und ich. Uwe kam später mehrfach bei mir an Bord, eine Woche sogar mit seinen Neffen, spielverrückte Jugendliche, die auch noch weit nach Mitternacht ein endlos dauerndes Brettspiel nicht beenden wollten, dabei Unmengen an Süßigkeiten, zuckerhaltigen Getränken und Knabberkram zu sich nahmen. Das gleiche Phänomen konnte ich beobachten bei den Familientörns in der Adria, aber auch dazu später mehr.

Die Crew, also Uwe und ich, wurde in Cuxhaven zum Bunkern von Lebensmittel an Land geschickt. „Eine Flasche Rum bringt bitte auch mit!" Der Wunsch des Skippers war uns Befehl und wurde natürlich erfüllt. Tide und Wind drängten uns am Abend abzulegen. Leinen los für eine Nachtfahrt auf der Nordsee, vorbei an den Ostfriesischen Inseln. Auf Höhe Wangerooge war es meine Wache. Die Leuchtfeuer waren gut auszumachen, den Fischern konnte ich ausweichen, die See blieb ruhig, der mittlere Wind gut beherrschbar, alles ganz prima.

Anderntags vor Ameland war es wiederum meine Wache. Der Skipper hatte den Kurs vorgegeben, den ich so genau wie möglich hielt. Das Lot zeigte ganz allmählich immer weniger Tiefe, Uwe und ich schauten uns an, und wir beschlossen, den Skipper aus seinem süßen Schlaf zu holen. Uns war aufgefallen, dass die Buddel Rum leer getrunken war, und wir beide hatten davon keinen einzigen Schluck genommen.

Es dauerte eine ganze Weile, bis er an Deck kam, und zwischenzeitlich zeigte das Lot weniger als 2 m. Hans bewies aber seine Nehmerqualität und steuerte uns professionell und sicher von den vorgelagerten Sänden herunter. Als wir die 5m Linie wieder erreichten, fiel mir ein Stein vom Herzen, schließlich hatte ich gesteuert. Die Vermutung lag nahe, dass der Skipper bei seiner Kursvorgabe den Versatz durch Strom und Wind nicht auf dem Zettel gehabt hatte, durch den wir zu weit in Landnähe gedrifftet waren. Zumindest wäre das die einzig nachvollziehbare Erklärung.

Unvergessen blieb mir auch, nur im Schneckentempo gegen die gewaltige Strömung im Ärmelkanal voran zu kommen. Man hatte den Eindruck zu stehen. Ferner, in die Schleuse der Westerschelde einzufahren. Ein bedrückendes Gefühl, in der engen, extrem hohen Schleusenkammer eingeschlossen zu sein, die 10 oder mehr Meter hochzuschauen und zu wissen, dass die Wassermassen der Schelde nur durch ein Schleusentor zurückgehalten wurden.

Eine zweite Überführungsfahrt startete auf Mallorca, ging über die ionischen Inseln durch die Straße von Messina, rund um den Stiefel in die Adria. Diesmal waren wir zu fünft, lauter Geschlechtsgenossen. Der Supermarkt-Transporter in Alcudia hatte Mühe, unseren Einkauf mit einer Fuhre zu transportieren, für jeden Tag eine Palette Bier, jeweils 24 Dosen á 0,5 l. Nach 8 Tagen war dieser Vorrat erschöpft, es musste nachgebunkert werden.

Das ganze Gut auf der Nauticat 45 zu verstauen war überhaupt kein Problem. Der Motorsegler hatte jede Menge Platz, einen riesigen Decksalon, einen gewaltigen Motorraum, eine großzügige Pantry, drei geräumige Kammern und zwei Toiletten. Die Eignerkabine teilte ich mit jemandem aus dem Ruhrgebiet, eine eher unangenehme Erfahrung. Der gute Mann war ziemlich einfach strukturiert, kommentierte den Bordalltag häufig mit blöden Sprüchen. Da hätte ich mir schon mehr Abstand gewünscht als gemeinsam in einer Doppelkoje zu liegen. Trotzdem blieb mir auch diese Reise in bester Erinnerung. Ich ging zwar aus beruflichen Zeitgründen bereits in Dubrovnik von Bord,

erfuhr später noch von den anderen, dass sie eine heftige Bora auf die Mütze bekommen hatten (hätte ich natürlich auch mal gerne miterlebt), aber Hans, er war auch diesmal Skipper an Bord, war wiederum ein tolles Vorbild. Als mitten auf hoher See der Motor ausfiel, wurde das Problem in aller Seelenruhe gelöst. Wir dümpelten für Stunden auf der offenen See bis wir die Reise fortsetzen konnten. Leider waren nur drei Segeltage dabei, es musste also viel unter Motor gefahren werden, bei glatter See fast ein Gefühl wie Busfahren.
Mittlerweile war bei mir der Wunsch gereift, ein eigenes Boot zu haben. Ich begab mich auf Bootsuche, las jede Menge Bücher und Zeitschriften, recherchierte im Internet und schaute mir eine ganze Reihe von Verkaufsofferten an. Das brachte mich eines Sonntags auf den Hof einer Druckerei in Neumünster, und vor mir stand ein H-Boot oben auf einem Trailer. Manch anderes, größere Boot vermittelte mir allein durch schiere Masse und Verdrängung ein leicht beklemmendes Gefühl, Ich war mir unsicher, wie ich eine 5 t Yacht ggf. auch alleine handhaben könnte.
Dieses Boot traute ich mir zu, 8,40 m lang, 2,30 m breit, 1,30 m Tiefgang, 1,5 t schwer, das schien mir machbar. Der Preis stimmte,

der Voreigner brachte mir das Boot in die Dove Elbe und wir stellten den Mast. Da war er noch einmal, der kleine Schock: ´Ganz schön hoch so´n Mast!´ (muss gerade beim Schreiben schmunzeln, aber es war einfach so).
Die erste Saison wollte ich nicht gleich in ein Strömungsgewässer. Ein kleines seeähnliches Gewässer wie die Dove Elbe schien mir zu Anfang geeigneter. Das war definitiv die richtige Entscheidung. Ich hatte genug Zeit, mich mit dem Schiff vertraut zu machen. Schließlich war es soweit, das erste Mal Leinen los. Auf dem langen Überhang des Hecks sitzend, legte ich ab, und der 2-Takt Außenborder schob mich auf den See. Eine kleine Runde und ich legte wieder an. Geschafft! Ein glücklicher Moment. Mir wurde kurze Zeit später klar, wie gut dieser Vorgang auf so viele Erlebnisse im Leben zutrifft. Entscheidungen zu treffen, nicht zu wissen was dann passiert, ein Wagnis einzugehen und die Herausforderung anzunehmen, die Unsicherheit und das Risiko als Normalzustand zu akzeptieren. Wie sehr sind wir in der Regel in Sicherheitspartnerschaften eingebunden. Krankenversicherung-, Pflege-, Krankenhauszusatz-, Zahnbehandlungs-,

Hausrat-, Privathaftpflicht-, Auto-, Boots-, Unfall-, Lebens-, Sterbefallversicherung, wir lieben es, auf der sicheren Seite zu sein, ein- und angebunden in unserem Sozialgefüge. Losgelöst von äußeren Zwängen ein Stück Freiheit zu erleben, Dinge in die eigene Hand nehmen, die Verantwortung für das Risiko selbst zu tragen, sich in der Unsicherheit aufgehoben zu fühlen, das ist sicherlich ein Weg, der Alltagsdepression ein Schnippchen zu schlagen. Genau das suchen ja viele im Segelsport. Ich lud Freunde und Bekannte ein, wir segelten schlecht und recht. Lange Schläge waren auf diesem kleinen Teich gar nicht möglich, aber auch einfach nur Kaffeetrinken an Bord, sensationell.

Und dann war die Saison auch schon zu Ende. Die *Laguna* kam ins Winterlager auf einen Hof in den Marsch- und Vierlanden, und ich besorgte für die kommende Saison einen Liegeplatz im Hamburger Yachthafen in Wedel. Um dort nicht als Gastlieger ein hohes Liegegeld zu zahlen, musste man Mitglied in einem Segelverein sein. Da ich keinen der ca. 50 Vereine der Hamburger Yachthafengemeinschaft kannte, telefonierte ich die Liste von oben ab, und wurde bereits unter E fündig beim ESCW,

dem Elbsegelclub Windeswende.
Der Vereinsbeitrag sagte mir zu, 40,- €/ Jahr, ebenso die Nähe der Gaststätte, in

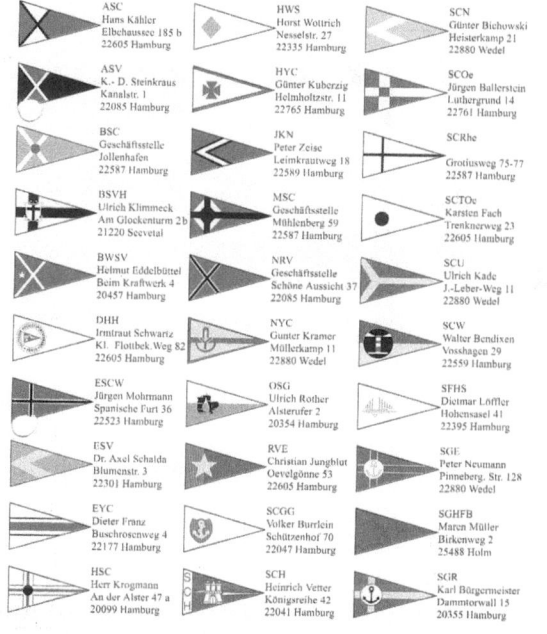

der die Vereinsversammlungen in den Wintermonaten stattfanden, fast fußläufig zu erreichen.
Es war einer der kleineren Vereine im Hamburger Yachthafen. Die Stadt Hamburg hatte Anfang der 70er Jahre die Trägerschaft an die Yachthafengemeinschaft, also an die Segelvereine abgegeben.

Viele Mitglieder des ESCW segelten von

Kindesbeinen an, als Jugendliche angeleitet durch die Eltern, deren Boote sie übernommen haben. Kurz und gut, ein kleiner Traditionsverein mit ganz viel seemännischer Erfahrung. Als immerhin schon über 50-jährige Landratte hatte ich eine ganze Weile zu überstehen, um dort Fuß zu fassen und Anerkennung zu finden, unbenommen davon, nach einem Jahr Wartezeit sowie nach einer nicht öffentlichen Abstimmung (der Kandidat musste derweil vor die Tür gehen) freundlich aufgenommen worden zu sein.
Das H-Boot war in dieser Hinsicht hilfreich, denn es segelte recht ordentlich. Und da eine Reihe von Vereinsbooten älteren Datums erbaut waren, konnte ich beim

gemeinsamen An- bzw. Absegeln durchaus Anerkennung gewinnen.

Ganze vier Jahre hielt ich die Laguna, machte schöne Törns auf der Elbe bis Cuxhaven, einmal auch auf die Ostsee.

Ein Brief über diesen Törn gibt einen Eindruck von meinem damaligen Stand an Segelerfahrung, heute muss ich beim Lesen natürlich schmunzeln.

Hallo K.,

bin ich wieder zurück in HH mit einer richtig guten Erkältung! Trotzdem war es toll, insgesamt 10 Tage war ich unterwegs, bin also seit Dienstagabend wieder in HH. Es lief alles etwas anders als erwartet, habe aber viele wichtige Erfahrungen gemacht.

Schon der Start war unerwartet: Sonnenschein und Flaute am. Sa., 25.8.01. Statt Brunsbüttel nur das Dwarsloch (ca. 6 sm ab Wedel). Dort habe ich einfach geankert und den Tag genossen. Dann kippte der Strom, der dort besonders stark, aber erst mit Verspätung und heftigen Verwirbelungen einsetzte. Dabei schlang sich das Ankertau um Kiel und Ruder, der Anker hielt nicht mehr und das Boot slippte immer weiter auf einen Kutter zu. Eigentlich war es ein Zufall, dass ich das überhaupt bemerkte. Mit Hilfe der

Ankerlieger-Nachbarn konnte ich an deren Schiff festmachen und die nächste Tide abwarten - und siehe da, das Tau hatte sich von alleine gelöst und trieb in großem Bogen im Strom. Ich wollte mir einen etwas sichereren Ankerplatz suchen und fuhr unter Motor tiefer in das Dwarsloch hinein. Die Fahrrinne verjüngt sich dort an einer Stelle, die deswegen auch durch Priggen gekennzeichnet ist. Trotzdem lief ich bei ablaufendem Wasser auf Grund, Gott sei Dank in Schlamm hinein. Der Außenborder wurde gequält, vorwärts, rückwärts und quer gestellt, schließlich kam ich frei. Sonntagmorgen war guter Wind und gutes Wetter, es ging flott voran, nachmittags stand ich in Brunsbüttel vor der Schleuse. Ich musste ganz schön lange warten, der Ebbstrom lief mit ca. 2-3 Knoten. Ich stellte den Außenborder so ein, dass ich genau im Strom stand. Trotzdem war ich froh, als die Schleuse endlich geöffnet wurde. Natürlich war ich zu früh hineingefahren (weiß und grün = Einfahrt für Berufsschifffahrt, weiß = Sportfahrzeuge), legte an der falschen Seite an (innen statt außen) und bekam prompt einen Ranzer von der Schleusenaufsicht. Montag war Starkwindtag. Jetzt ging es durch den

Kanal - motorschonend, mit relativ geringer Drehzahl und ca. 4 - 5 kn. Wenn man so selbstverantwortlich unterwegs ist, sind auch eigentlich langweilige Passagen doch noch irgendwie interessant. Mir fiel dann ein, dass ich die Logge eichen könnte, ich befand mich ja erstmals in stehendem Gewässer und hatte durch das GPS und die Kilometermarkierungen an den Seitenrändern des Kanals die perfekten Eichwerte. Es stellte sich heraus, dass der 100 auf 122 erhöht werden musste. Das gibt natürlich jetzt beeindruckende Werte auf der Logge! Dann nach ca. 20 km näherte sich ein Kutter, den wollte ich um Schlepphilfe bitten. Ich bereitete gerade das Tau vor und plötzlich machte es rums!, ich saß auf den Ufersteinen. Die Ufer fallen relativ flach ab. Wie man loskommt, wusste ich ja schon, Motor querstellen etc, dann klappte es auch. Die Leute auf dem Kutter waren jung und alternativ, sie willigten ein. Leider waren sie nicht sehr erfahren oder geschickt, die Laguna scheuerte am Rumpf und deren Dingi wurde immer wieder an die Außenhaut gedrückt (schlimme Schlieren und Kratzer), aber endlich gab der junge Mann genügend Leine, der Steuermann nahm wieder Fahrt auf, und so ging es mit 6 kn. weiter bis zum Gieselaukanal. Als ich dort meinen Motor wieder starten wollte, hatte dieser sich durch die Grundberührung aus seiner vertikalen Sicherung gelöst und stand nun mit ca. 20 Grad nach schräg oben ab. Der Schub ist dann sehr gering, das Kielwasser wird fast nach oben weggespritzt. Ich musste also an der Weiche Gieselaukanal festmachen, was normalerweise verboten ist. Der Motor ließ sich wieder richten, ich konnte Benzin nachfüllen, eine Kleinigkeit essen und trinken und schon tönte es aus dem Mikrophon des Weichenwärters: "Sie können dort nicht bleiben!" Bei heftigen Winden ging es dann einfach stur weiter. Nachmittags setzte ich das Sturmsegel. Und dann wurde die Zeit knapp. Ich konnte absehen, dass ich Kiel-Holtenau nicht mehr erreichen würde, ich bog ab in den Borgstedter See. Es war nun schon recht kühl, kein anderes Schiff zu sehen, eine Industrie-Anlage verströmte ihren spröden Charme, nein, hier wollte ich nicht bleiben. Auf die letzten Minuten erreichte ich dann den Flemhuder See, welch ein Unterschied. Er liegt wunderschön still eingebettet in hohem, bewaldeten Ufer, zwei Schiffe lagen schon auf Reede, es fing an zu dämmern, die Schiffe schwoiten ruhig und gleichmäßig, trotz der Kühle eine wunderbare, friedliche Stimmung. Ich machte es mir gemütlich und schlief tief und fest. Di. erreichte ich nach ca. 2 Std. Kiel. Ich machte in Holtenau fest und blieb einfach dort, fuhr mit dem Bus mal in die Innenstadt von Kiel. Mi. wollte ich die Förde kennenlernen. Wie schön es war, durch das klare Ostseewasser zu gleiten. Ich segelte Richtung Friedrichsort, Laboe, Bülk, Leuchtturm Kiel und entschied mich für Schilksee als Übernachtungshafen. Do. war idealer Wind aus West. Das Boot machte fantastische Fahrt Richtung Norden. Sollte ich es wagen und einfach nach Aerö hinübersetzen? Es war mir etwas zu riskant. Was wäre, wenn die Wellen höher würden, der Wind zunähme? Also blieb ich in der Förde und steuerte Laboe an. Mir fiel ein, dass jemand aus dem Tischtennisverein in Hohwacht Urlaub machte; ihn lud ich für Fr. ein. Fr. war wenig Wind. Karsten kam um 10:00 Uhr, wir segelten bis Kiel-Leuchtturm und wieder zurück. Eine gemütliche Angelegenheit. Sa. wollte ich es dann wissen. Der

Windvorhersage ca. 5 Beaufort aus West, ideal. Wiederum segelte ich aus der Förde raus, die Wellen nahmen zu, der Wind wehte nach Vorhersage, ich hatte ein Reff im Groß und die gleichen Bedenken wie zwei Tage zuvor. Ich nahm allen Mut zusammen, und dann ging es über den Stollergrund und quer über die Eckernförder Bucht nach Damp. Nach gut zwei Stunden war ich dort. Ein kurzer Spaziergang, der Wind sollte auf Nord drehen, ich entschied mich zur Umkehr. In einer Rauschefahrt bei Welle (1/2 oder 1m?) ging es zurück Richtung Kiel. Das Wetter trübte sich ein, ich wollte langsam zurück und verholte das Boot nach Holtenau. Am Sonntag früh morgens ging es in die Schleuse mit ca. acht anderen Schiffen. Wind aus Südwest - also direkt von vorn. Ganz langsam zog sich das Feld auseinander und nach ca. einer Stunde tuckerte ich allen hinterher. Es wurden elf lange Stunden bei Regen und Gegenwind. Ich packte mich mit allem ein, was zur Verfügung stand und kam durchnässt und durchgefroren wieder auf die letzte Minute in Brunsbüttel an. Montag gönnte ich mir einen Ruhetag. Die Sauna war genau das Richtige. Dienstag Ein schöner Abschluss, wiederum eine Rauschefahrt! Wind mit ca. 4 – 5 Beaufort aus Südwest, in vier Stunden war ich in Wedel. Und dann war´s auch genug!

Es gab mehrere Gründe, weshalb ich eine Verkaufsanzeige in der Bootsbörse schaltete. Die Passage durch den NOK mit dem kleinen 5 PS Außenborder, den ich zwar als 4-Takter neu angeschafft hatte, war eine Strapaze. Auf dem Rückweg aus Kiel goss es in Strömen, ich konnte mich kaum schützen, war vollkommen durchnässt und hatte in Brunsbüttel nur noch den einen Wunsch, nach 12-stündiger Fahrt in die Sauna zu gehen, um wieder aufzutauen. Gott sei Dank war sie noch geöffnet, ein wunderbares Vergnügen. Dann erinnere ich den Versuch, mit dem H-Boot nach Helgoland zu segeln. Der Hafenmeister in Cuxhaven machte mir Mut, das Wetter sei stabil, nur ein kleiner bis mittlerer Wind sei zu erwarten. Ich traute mich hinaus. Vor Cuxhaven steht in der Regel ein heftiger Strom bis zu 4 kn. Ich versuchte, mich unter Segeln aus der Fahrrinne heraus zu halten, driftete aber stets wieder hinein. Nachdem ich die dritte rote Tonne passiert hatte, entschloss ich mich zum Rückweg. Es dauerte eine Ewigkeit, bis ich den Yachthafen in

Cuxhaven wieder erreichte. Gegen die Tide zu motoren, das war eine elende Plackerei für den schwachen Außenborder. Und schlussendlich gab es ein erhebliches Sicherheitsrisiko. Das H-Boot hatte einen langen Überhang, zum Absenken und Aufholen des Außenborders musste man das sichere Cockpit verlassen und sich weit auf das Heck setzen, Reling oder Heckkorb nicht vorhanden! Bei Welle, wie sie in der Elbmündung nicht unüblich ist, kann das ziemlich problematisch werden. Ich hatte mich zwar immer mit einem Stropp gesichert, trotzdem war das eine ziemlich sportliche Übung. Es meldete sich ein Käufer, der bereit war, den recht ambitionierten Preis zu zahlen. Natürlich durfte er dann mitten im tiefsten Winter den Trailer mitsamt Boot nach Stralsund entführen. Später entdeckte ich das Boot dort wieder, sehr pfleglich wurde damit nicht umgegangen, schade.

Übergabeprotokoll zum Kaufvertrag für ein Gebrauchtboot vom 16.02.2003 H-Boot, Laguna Segel-Nr. Ger 484

Das Boot wird veräußert inkl.
- *Trailer*
- *Außenbordmotor*
- *2 Großsegel, 1 Fock, 1*

Sturmfock, 1 Spinnaker
- *elektr. Logge, Lot, Windanzeiger*
- *Solarelement*
- *Pinnenpilot*
- *Beleuchtung*

Der Käufer wurde über einen behobenen Schaden der Außenhaut des Unterwasserschiffes im Bereich der vorderen linken Trailerstütze in Kenntnis gesetzt. Der Verkauf erfolgt unter Ausschluss jeglicher Gewährleistung für Sachmängel sowohl am Bootskörper, speziell Osmose-Schäden, als auch den technischen Geräten.

Der Käufer meldet den Trailer schnellstmöglich auf seinen Namen an.

Hamburg, den 9.2.2003

Im Folgejahr vermisste ich das H-Boot sehr. Die Anwartschaft, d.h. die Möglichkeit, mit einem neuen Boot im Hamburger Yachthafen wieder zu liegen, hatte ich mir durch einen Antrag erhalten, ebenso die Mitgliedschaft im Segelverein. Aber allein der Aufenthalt im Hafen machte ohne eigenes Boot keinen Spaß. Als kleine Entschädigung gab es Gelegenheit, als Skipper eines von zwei Booten mit der Gruppe eines Hamburger Sportvereins auf der Ostsee zu segeln.

Als Vorbereitung auf den Törn – so ganz viel Ostsee-Erfahrung hatte ich ja noch nicht auf dem Buckel - buchte ich einen weiteren Törn bei Schönnicke, eine Fahrt von Flensburg nach Stralsund. Dabei gab es Gelegenheit, einen griechischen Skipper kennenzulernen, der seine Aufgabe ganz anders wahrnahm als Hans. Georgios war hoch erfahren auf allen Ozeanen, und fast wurde ihm das zum Verhängnis. Vermutlich nahm er die Ostsee nicht ernst genug, sah sie quasi als große Badewanne an, wie man sie im Vergleich zum Atlantik oder Pazifik vielleicht auch betrachten kann. Nur dass auch die Ostsee gefährlich werden kann, bewies der 3. Tag unserer Fahrt. Georgios hatte meiner Erinnerung nach niemanden eingeteilt, um Wetterinformationen zu verfolgen. So steuerten wir auf Rödby zu und erlebten, wie sich ein Unwetter zusammenbraute. Wir sahen eine Windhose in ca. 500 m Entfernung, und dann legte der Wind kontinuierlich zu bis auf 8 - 9 Beaufort. Der Skipper vermutete, dass es sich um den Durchzug einer Front handelte. Häufig beruhigt sich ein lokales Gewitter innerhalb einer halben Stunde. So entschied er sich, an Rödby Haven vorbei zu segeln. Als der

Wind aber keinesfalls nachließ, revidierte er seine Entscheidung. Wir wendeten und steuerten Rödby an, auf raumen Kurs. Dass ausgerechnet jemand Wache ging, der vermutlich die wenigste Erfahrung im Steuern einer großen Yacht hatte, gehörte wohl zu dem Puzzlestein für die kritische Situation, in der wir uns bald darauf befanden. So kam, was kommen musste, die Yacht machte eine Patenthalse. Dabei brach das Profil des Baumes direkt am Lümmelbeschlag, der Baum wurde nur noch am Unterliek des Großsegels und an der Dirk gehalten. Er schlug heftig. In dieser Situation bewies der Skipper seine Klasse und spielte die ganze Erfahrung aus. Er stürmte sofort Richtung Mast, ergriff den schlagenden Baum, hielt sich selbst am Mast, den Baum am Körper, und orderte uns, pö a pö, das Segel zu bergen und fest zu laschen. Wir schafften es, auch dank des Umstands, dass die Fähre für die Dauer unseres Manövers im Hafen verweilte und uns daher die Fahrrinne frei hielt und uns nicht in die Quere kam. In Rödby Haven legten wir – wie der Zufall es wollte – direkt vor der Werkstatt an, die das Profil schweißen und uns wieder flottmachen konnte. Warum der Skipper das Anlegemanöver mit dem Heck zum

Wind ausführte, wird wohl sein Geheimnis bleiben. Der freundliche Helfer auf der Pier wurde fast mit dem Tau ins Wasser gezogen, hätte er nicht im letzten Augenblick die Festmacherleine an einem Poller belegen und den ungeheuren Zug bändigen können.

Zwei Anekdoten von diesem Törn kann ich mir nicht verkneifen. Ich saß in Lee eines Mitseglers, der sich bei starker Krängung auf der hohen Kante des Sülls weniger gefährdet wähnte gegen aufkommende Seekrankheit. Mir blieb der Bruchteil einer Sekunde, um der waagerecht fliegenden Ladung auszuweichen, hurra!

Und, in Klintholm liegend, machte der Skipper den Vorschlag, das Boot am anderen Morgen um 5:00 Uhr vor die spektakulären Klippen von Möns Ostküste zu verholen, um dort zu ankern und bei aufgehender Sonne zu frühstücken. Natürlich waren wir begeistert und vollkommen einverstanden. So saßen wir anderntags ganz entspannt im Cockpit und genossen das Frühstück sowie den Anblick der beeindruckenden Kreidefelsen, als sich mein Blick zufällig ins klare Ostseewasser richtete. In unmittelbarer Schiffsnähe glaubte ich voller Verwunderung einen majestätisch dahingleitenden Rochen mit stattlicher Flossenbreite vorbeischwimmen zu sehen. Gab es solche Fische in der Ostsee? Für einen Moment war ich verwirrt, bis ich den Phantomfisch mit den Pumpgeräuschen der Bordtoilette in Verbindung brachte. Der sanften Strömung war dieser putzige Effekt geschuldet. Schöne Bescherung.

Die Charterwoche Flottillensegeln machte enorm viel Spaß. Unsere Besatzung wurde von der anderen Gruppe etwas scheel angesehen, wir hatten das wesentlich neuere, modernere Boot, eine Elan 40. Unter Deck war viel Platz, alles war tipp-top in Ordnung, reichlich Technik an Bord. Zudem lag die Yacht ausgewogen im Trimm, ließ sich einfach und gut steuern. Das Partnerboot war eine ältere Luffe gleicher Größe, dafür schlanker, mit Backstagen, und an der Kreuz ungleich schneller. Hans-Georg, ein wesentlich erfahrenerer Skipper, ließ uns keine Chance, als wir am Ende eines Tages bei Schwachwind den Hafen von Omö erreichen wollten. Es war als stünden wir auf der Stelle. Die anderen zeigten uns die lange Nase, diesmal guckten wir ganz scheel und machten das, was viele Segler machen, wenn sie unerträglich unterlegen sind: Motor an und Hebel runter! Es ist so furchtbar desillusionierend, das eigene Boot und den Mangel an eigenen Fähigkeiten so brutal vorgeführt zu bekommen.

Der Hafen von Omö war übrigens proppenvoll, ich wollte schon wieder umdrehen als uns der Hafenmeister den Kopfschlengel eines der beiden Stege anbot. Mein erstes Manöver dieser Art mit einem solch riesigen Boot. Glücklich und zufrieden gingen alle am Schluss dieses Törns von Bord. Ich hatte eine weitere Probe bestanden, wertvolle Erfahrungen gesammelt.

Ein beruflicher Wechsel führte gleichzeitig zum nächsten Schritt in meinem Seglerleben. Zu dem Zeitpunkt leitete ich Seminare bei einem großen Hamburger Bildungsträger. Die Teilnehmer wurden vom Arbeitsamt geschickt mit der Maßgabe, sie auf die Berufswelt vorzubereiten und in Jobs zu vermitteln. Ich mochte diese Arbeit sehr, hatte ausgezeichnete Kontakte in entsprechende Betriebe, und es gelang, die überwiegende Zahl der Teilnehmer in Brot und Arbeit zu bringen. Die Schröder Regierung setzte mit der Agenda 2010 andere Schwerpunkte, beschloss andere arbeitsmarktpolitische Maßnahmen: Ich-AGs, Personal-Service-Agenturen und vieles mehr. Meine Kurse wurden nicht mehr beschickt, ich musste mich selbst wieder umsehen. Mein Gang führte mich zur Schulbehörde, denn Haupt- und Realschüler waren angehalten, als berufliche Entscheidungshilfe Praktika in Betrieben zu absolvieren. Mit meinen Kontakten sah ich mich dort an der richtigen Stelle. Eine entsprechende Position war aber nicht vakant, dafür wurden Lehrer in der Regelschule gesucht. Was mir am Anfang meiner Berufskarriere aufgrund fehlender Planstellen verwehrt blieb, als Lehrer in einer Schule zu arbeiten, das kam in den letzten Jahren doch nochmal auf mich zu. Schon aus reiner Neugierde willigte ich ein, zunächst als Vertretungslehrer, später in Festanstellung an einer Grundschule.

Mir wurde augenblicklich klar, dass ich für diese Tätigkeit einen Ausgleich brauchte; ein zweites, selbstverständlich gebrauchtes Segelboot. Im Internet wurde ich fündig. Das Boot lag nur unweit von meinem alten Liegeplatz in Wedel, eine Dehler 31. Das Eigner-Ehepaar ging auf die 80 zu, sie benötigte eine umgedrehte Bierkiste als Tritt, um an Bord zu kommen. Er hätte vermutlich das Boot noch etwas gehalten, aber die Vernunft ließ beide von ihrem *Bambino VI* Abschied nehmen. Unglücklicherweise hatten sie die Verkaufsofferte einem Makler überlassen. Dieser hatte sich aufgrund einer Zeitungsanzeige aus eigener Initiative für den Verkauf übers Internet angeboten. Das Paar war in dieser Hinsicht unerfahren, und das Internet war auch schon zu jener Zeit die gängigste Plattform, um ein Boot zu veräußern bzw. zu erwerben.

Die Verhandlungen gestalteten sich nicht gerade einfach, die Eigner wussten, was sie an dem Boot hatten. Es war zwar bereits 12 Jahre alt, befand sich optisch aber in hervorragendem Zustand, wenig gesegelt, der Rumpf, das Deck, das Rigg sowie unter Deck, alles noch tipp-topp, vollkommen in sehr gutem Original-Zustand. Das war so ganz nach meinem Geschmack: man erhielt etwas halbwegs Neuwertiges für einen akzeptablen Preis. Gegenstände, denen ein Vorbesitzer bereits gebastelt und seinen deutlichen Stempel aufgedrückt hat, sind mir ein Graus. Aber dieses Boot mochte ich auf Anhieb. Der geforderte Preis war zwar hoch, das wusste ich. Dennoch schlug ich ein, es fehlte einfach auch die Zeit, um intensiv nach Alternativen zu suchen. Am 24.6.2004 übergab man mir zwei Ordner mit vielfältigsten Unterlagen: Betriebsanleitungen, Manuale, Produktbroschüren, die Originalrechnung, die Vorbesitzer hatten sehr sorgfältig alles aufgehoben, eine weitere Bestätigung für den Kauf. Schlussendlich bekam ich die Schlüssel, schrieb eine Mail an Hans-Georg: ´Bin jetzt stolzer Eigner eines 3-flammigen Gasherds mit ganz viel GfK drum herum´. Meine Geschichte mit diesem wunderbaren Boot nahm ihren Anfang.

W. Dehler schreibt zur Einführung der Dehler 31 in einer Broschüre:
Liebe Seglerin, lieber Segler,
lassen sie mich kurz etwas über die Dehler-Segelphilosophie erzählen. Unser Ziel ist es, gut segelnde, komfortable Tourenschiffe zu bauen, die durch intelligente, bedienungsfreundliche Technikwie unser 78 Rigg, Schnellreffvorrichtungen und Main-Drop-System eine einfache Handhabung garantieren – und das alles zu einem vernünftigen Preis. Mit der Dehler 31 haben wir dieses Ziel in der Klasse der 30-Fuß Yachten erfolgreich verwirklicht. Die unsichtbaren Werte unter Wasser wie die schnellen, sicheren Rumpflinien, der Kiel

und das Ruder harmonieren perfekt mit dem Rigg und verleihen der Dehler unvergleichliche Segeleigenschaften.

Was man eigentlich von jeder Yacht erwarten sollte, das ist bei Dehler selbstverständlich – jeder Block, jede Winsch, jede Klemme sitzt ergonomisch und segeltechnisch am richtigen Platz.

Mit nur wenigen Handgriffen ist die Dehler 31 seeklar und mit ebenso wenigen Handgriffen lässt sie sich auch von einer kleinen Familien-Crew bei jedem Wind und Wetter segeln.

Viele ausgeklügelte Detaillösungen tragen dazu bei, so z.B. das klare und übersichtliche Deckslayout... Alles ist so konzipiert, dass die notwendige Segelarbeit erleichtert und das echte Segelvergnügen gesteigert wird.

Wenn Sie dann abschließend die aktuelle Preisliste zur Hand nehmen, werden Sie feststellen, dass wir unser Versprechen wahr gemacht haben: Die Dehler 31 ist ein gut segelndes Tourenschiff zu einem konkurrenzlos günstigen Preis.

25 Jahre später kommt Alexander Worms beim Gebrauchtboottest in der Yacht 18/2013 zu folgendem Fazit:

Wirklich vielseitig Die Dehler 31 kann alles,

solide gebaut, gut segelnd und mit ausreichendem Wohnraum unter Deck... Mit so einem Boot machen Segler auf der Suche nach einem sportlichen Familienschiff nichts verkehrt... die Dehler 31 ist ein guter Kompromiss.

Dass ich mit meinem neuen Boot noch einmal, das H-Boot segelte ja ebenfalls recht ordentlich, einen guten Griff getan hatte, war mir zum Zeitpunkt des Kaufs nicht wirklich klar. Selbstverständlich hatte ich jede und jeden befragt, die/der mir in dieser Hinsicht kompetent und glaubwürdig schien. Immerhin, es gab keinen Aufschrei: „Lass bloß die Finger davon!" Auch verzichtete ich darauf, das Unterwasserschiff in Augenschein zu nehmen, vertraute den alten Leuten.
Nun, nach gut 10 Jahren Erfahrung mit dieser Yacht, kann ich nur bestätigen, dass W. Dehler nicht übertrieben hat in seiner Werbung. Durch den Flachkiel von nur 1,10 m segelt es an der Kreuz bei viel Wind anderen Booten hinterher, der Versatz durch Wind ist einfach enorm. Auf allen anderen Kursen läuft es ziemlich flott, und da macht es richtig viel Spaß.

Das Boot im Detail:

Bootskörper
Länge ü.A.	9,40 m
Länge WL	8,10 m
Breite ü.A.	3,05 m
Breite WL	2,50 m
Tiefgang Flachkiel	1,10 m
Freibordhöhe	0,98 m
Innenhöhe	1,85 m
Gesamthöhe	13,80 m
Verdrängung	3500 kg
Balast	1370 kg
Wassertank	90 l
Diesel-Tank	60 l

Segelmaße
Großsegel	26,4 m²
Fock	14,5 m²
Wendefock	15,0 m²
Genua 1	26,4 m²
Spinnaker	59,0 m²
Rumpfgeschwindigkeit	6,89 kn

Motor
Motor Yanmar 2GM20	18 PS
Propellergröße	15 x 11"
Getriebeübersetzung	2,6 : 1

Rigg
Mastlänge	12,30 m
Vorstag	11,20 m
Unterwant	5,70 m
Oberwant	10,90 m
Achterstag o.Hahnepot	12,70 m

Die Dehler 31 in Standard Ausrüstung
Preise 2/1990   83.180,- DM

Bootsrumpf
hergestellt im Handauflegeverfahren (kein Spritzlaminat) unter Aufsicht des Germansichen Lloyd Laminat-Konstruktion aus Glasseidenmatten, Rovinggewebe, im Unterwasserbereich Massivlaminat eingefärbte Deckschicht aus Isophtalsäure- Gelcoat tragende Schotten verbunden mit Rumpf und Deck   eingebaute Längs- und   Querversteifungen aus GFK, Aluminium und verzinktem Stahl verzinkte Bodenwrangen zur großflächigen Verteilung der Kiel- und Riggkräfte Versiegelung der Innenschale mit Topcoat Urkunde   des Germanischen Lloyd

Decks- und Kajütaufbau
Sandwich-Konstruktion mit   Balsaholz-Kern zur Festigkeit und Isolierung einlaminierte Aluminiumverstärkungen für die Beschläge homogene   Einlaminierung von Rumpf und Deck noch in der Form Aluminium-Gummi-Scheuerleiste außen selbstlenzende Ankerpiek, durch ein Ankerluk verschließbar eingearbeitetes Anti-Rutsch-Profil an Deck eingeformter Platz für die Rettungsinsel unter der   Heckklappe
Farben: Rumpf und Deck in gletscherweiß, Dekorstreifen am Kajütaufbau und Wasserpass in horizontblau

Kiel aus Gusseisen,
3 x grundiert mit Epoxydharz
Verschraubung durch Niro-Bolzen

Ruderwelle
  aus seewasserbeständigem Aluminium
  angeschweißtes Aluminium- Gerüst

Cockpit selbstlenzend, körpergerecht geformt
  große Backskiste an Steuerbord
  Cockpitboden mit anti-Rutsch-
  Travellerschiene für Großschot
  Sitzduchten mit Stabfurnier

Luken und Fenster
  Aufstellbare Decksluke für
  Schiebeluke und Kajütfenster aus getöntem, seefestem Acrylglas
  Schiebelukengarage
  2 aufstellbare Bullaugen in Pantry und am Navitisch
  1 klappbare Luke seitlich in der Achterkammer

Decksbeschläge
  4 Aluminium Belegklampen
  4 Arbeitspüttinge an Deck
  2 Wantenpüttinge
  2 Genua-Leitschienen mit Rutschern
  2 Fallwinschen Lewmar 16
  2 Schotwinschen Lewmar 16
  8 Fallenstopper
  Umlenkblöcke für alle Fallen am Mast
  Scheibenblöcke auf dem Kajütdach zur Fallenumlenkung ins Cockpit
  Vorstagbeschlag
  Achterstagbeschläge
  Flaggebstock mit Halter
  Bugkorb mit Durchtritt
  Seereling mit 6 Stützen

2 Relingdurchzüge mit Kunststoffummantelung
2 Relingdurchzüge aus Nirodraht
Heckkorb geteilt mit Halterung für Rettungskragen
2 Handläufe
1 Bugbeschlag mit Rolle und Kettensicherung
1 Einfüllstutzen für Wassertank
1 Einfüllstutzen für Dieseltank
2 Winschkurbelhalter

7/8 Rigg
silber-eloxierter Aluminium-Mast mit klappbarem Mastfuß und innenlaufenden Fallen innen aufgeteilt in 2 Kammern
1 Salingpaar
Großbaum aus eloxiertem Aluminium
Großbaumniederholer
Dirk
Pilotleinen zur nachträglichen Montagemöglichkeit

Stehendes Gut
Wanten und Stage aus Nirodraht mit aufgewalzten Terminal
Wantenspanner für Ober- und Unterwanten
isoliertes Achterstag mit verstellbarer Talje

Laufendes Gut
innenlaufendes Groß- und Fockfall aus reckarmen Kevlar mit Schnappschäckeln
Fockschoten, Großschot

Segel
durchgelattetes Großsegel mit 2 Reffreihen und Segelzeichen

Trimmleinen am Achterliek und Segelsack
Fock mit Segelsack

Salon und Wohnbereich
  Mahagoni, matt furniert
  2 Längssofas mit abnehmbaren Rückenlehnen
  Stauräume, Stauschränke
  Salontisch abklappbar mit Barfach
  Gardinen für Kajütfenster

Pantry
  funktionsgerechte Pantry mit
  Doppelspüle, Lebensmittelbox
  elektrische Druckwasserversorgung
  großer Geschirrschrank
  2-flammiger Spirituskocher, halbkardanisch
aufgehängt
  Stauschränke und Abfallbox

Navigationsplatz
  großer Kartentisch mit aufklappbarem
Kartenfach
  Schaltpanel für Bordelektrik
  Einbaumöglichkeit für nautische Instrumente

WC-Raum
  Chemietoilette
  Einbaumöglichkeit für Pump WC
  großer Toiletten-einbauschrank mit
Waschbecken
  Ablauf außenbords
  Kleider- und Wäscheschrank

Eignerkajüte
  durch eine Tür vom Salon getrennt

im Achterschiff mit Doppelkoje
2 seitliche Wäscheschränke, Ablagen

Vorschiff
durch eine Tür vom Salon getrennt
große Doppelkoje
hochklappbare Kojenauflagen mit darunterliegendem Stauraum
Ablagen an den Bordwänden
Polster in Sonderqualität mit strapazierfähigem Bezug

Trinkwasseranlage
Tankinhalt 90 l
Elektrische Druckwasserpumpe mit Zapfstellen an der Pantry und im Toilettenraum

Bordnetz
Batterie 12 V/55 Ah Gleichstrom
komplette Verkabelung
Schaltpanel mit Schaltern für Innen- und Außenbeleuchtung
Automatik-Sicherungen und 12 V-Steckdose
Batterie-Ladeanzeige
Betriebsstundenzähler
Batterie-Hauptschalter

Beleuchtung
Innen: Leuchten im Vorschiff, WC-Raum, Pantry, Kartentisch, und Eignerkajüte
Deckenleuchte und 4 Leseleuchten im Salon
Außen: Dampflicht am Mast
Bug- und Heckleuchten

Motor
  9 PS Yanmar-Einbaudiesel, 1-Zylinder, 4 Takt
  18 PS, 2 Zylinder, 4 Takt gegen Aufpreis
  1 Kreislauf Wasserkühlung mit Einlassventil
  Einhebel-Fernschaltung
  Instrumententafel mit Zündschloss, Starterknopf, Warnsummer
  Warnleuchten für Schmieröl- Druck und Kühlwasser- Temperatut
  Ladekontrolle
  Wellenanlage mit Faltpropeller
  60 l Dieseltank mit Füllstandsanzeige
  gräuschisolierter Motorraum unter dem Niedergang
  geschlossene Motorbilge

Top-Ausstattung   11.146,- DM
  Decksbelag, antislip, lichtgrau
  Sicherheitsleiter
  Bilgenpumpe, handbetrieben
  Aufstellbare Lewmar-Decksluke im Salon
  2 Fallwinschen Lewmar ST 16, selbstbelegend
  2 Schotwinschen Lewmar ST 30, selbstbelegend
  Dehler main-Drop-System: Großsegelbergevorrichtung mit Latten-Großsegel, Bergeleinen Lazy Jacks und integrierter Persenning
  Großsegel-Schnellreff-Vorrichtung
  Attestierte Sicherheits-Gasanlage mit 3-flammigem Gaskocher und Backofen
  isolierte Kühlbox ca. 45 l einschließlich Vorbereitung zur nachträglichen Montage des elektrischen Aggregats

Geschirr- und Gläser-Set für 6 Personen:
Tassen, Untertassen, Flachteller, Suppenteller,
Eierbecher, Gläser, Stamper mit
Schrankeinsätzen
Pump-WC
Landstromanschluss 220V/12 V mit
automatischem Ladegerät, Landkabel und 2.
Langzeitbatterie 88 Ah mit Laderegler und
Trennschaltung
Sumlog Silva 325
Echolot Silva 325
Magnetkompass Silva 1000
Windrichtungsanzeiger Windex
Top-Design

Weitere Extras 20.900,- DM
Selbstwendefock 15 m² inkl. Montierter
Vorrichtung
Schiffsheizung Eberspächer 3,1 KW mit
Warmluftaustritten
im Vorschiff, Salon und Achterkammer

Langkiel, Tiefgang 1,1 m
Spritzkappe, Dralon, kieselgrau
Einbau-Diesel Yanmar 2 GM 20, 18 PS,
Drehzahlmesser
Einlagepolster Vorschiff
Genua I, ca. 26 m² Rollfock Furlex Typ b Mk II
Faltpropeller SPW Varioprop 15"
Blister ca. 35 m²

Antifouling 5600,- DM
Einschweißen
Frachtauftrag nach HH

Zu dem Zeitpunkt war es mir noch nicht 100%ig bewusst, aber ich hatte zweifellos ein komplett ausgestattetes, gut segelndes Boot erworben. Im Verlauf der Zeit entdeckt man dann aber doch Dinge, die man in ihrer Funktion verbessern möchte. Ferner möchte/muss man Ausrüstung ersetzen, durch Verschleiß oder Altersschwäche unbrauchbar oder unansehnlich geworden sind.

Tipp: Grundsätzlich empfiehlt es sich, sich lange genug mit den Veränderungen zu befassen, damit man keinen Unsinn und wohlmöglich unnötige, doppelte Kosten produziert. Also ggf. mehrfach sehr lange vor der entsprechenden Stelle stehen und nur angucken, die Ideen kommen dann meist von allein, zuweilen im Traum :)

So ersetzte bzw. verbesserte ich im Verlauf der 12 Jahre eine ganze Reihe von Gegenständen und bin nun an einem Punkt angekommen, an dem ich das Boot als – meiner Vorstellung entsprechend – final ausgestattet halte. Zum Teil hängt das auch damit zusammen, dass mir einerseits als Rentner nicht mehr die finanziellen Mittel zur Verfügung stehen, auf die ich noch während meines Berufslebens zurückgreifen konnte. Zudem geht wie bei vielen anderen Leidenschaften irgendwann die ´heiße´ Phase zu Ende. Man ist nicht mehr bereit, alles und jedes in Frage zu stellen bzw. anzuschaffen.

Umrüstung bzw. Austausch von Ausrüstung

Vorhandene Ausrüstung noch vom H-Boot

Weltempfänger
Wichtige Frage: Wie bekomme ich Wetterinfos? In den ersten Jahren war es unverzichtbar, auf Mittel- bzw. Langwelle die Wetterberichte abzuhören: „Thyborööön, 1013 hP, NW 3, in Böen 5, strichweise leichter Nieselregen..." Heute

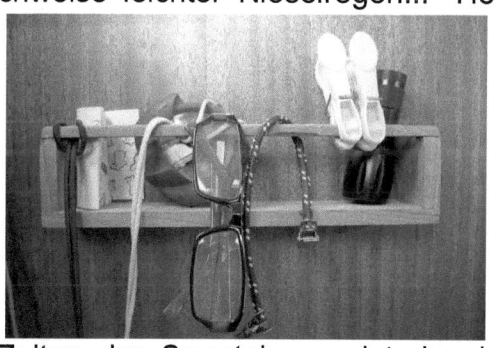

in Zeiten der Smartphones ist das kein Thema mehr. Vermutlich durch Luftfeuchtigkeit funktionierte das Gerät irgendwann nur noch eingeschränkt. Übrig blieb die selbstgebaute Halterung an der

Stirnseite der Navi-Ecke, die jetzt als Ablage gute Dienste tut.

Garmin 126 GPS
Die Navigation wurde durch das GPS wesentlich leichter, daher schaffte ich es

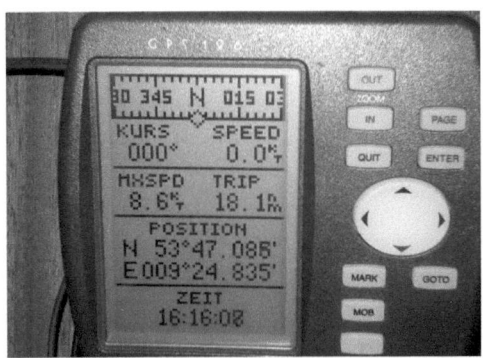

gleich mit dem H-Boot an und behielt es als eines von ganz wenigen Dingen, denn der Käufer hatte mein Boot mit Pütt und Pann erworben. Das GPS ermittelt genau den Tripp über Grund. Immer wieder erstaunlich die Differenz zum Weg durchs Wasser, den die Logge zählt.

Handpeilkompass
Wunderbar kleines Instrument, hatte ich bei Hajo kennengelernt, formschön, sehr funktionsfähig, gerade nachts durch das

lumineszierende Display, einfach super. .

Neuanschaffungen
Saison Nr 1, (2004)
Autopilot ST 2000
Mir war es wichtig, auch einhand unterwegs sein zu können. Daher gehörte der Autopilot zu den ersten Anschaffungen. Wie sich herausstellte, kann der ST 2000 das Boot unter Segeln bei mehr als 3 Bft. auf Am-Wind-Kursen nicht mehr steuern. Unter Motor und auf Kursen, auf denen nur wenig Druck auf dem Ruder liegt, ist er allerdings eine große Hilfe.
Nach gut 2 Jahren funktionierte das Gerät

nicht mehr, irgendetwas war defekt. Beim Dehler-Händler in Großenbrode hatte ich ihn gekauft, man machte am Telefon Hoffnung, dass die Fa. Eising sich kulant zeigen und die Reparatur als Garantiefall behandeln würde, die 2 Jahre waren minimal überschritten. Dem war nicht so. Ich orderte das Teil zurück. Was soll man mit einer Ausrüstung, die die Anforderung nicht erfüllt, d.h. bereits nach 2 Jahren den Geist aufgibt. Ich nutzte die Gelegenheit, schraubte das Gerät auf und entdeckte die Bruchstelle eines Plastik-Bauteils. Überhaupt schien mir das Innenleben in Anbetracht der teils großen Kräfte zu schwach ausgelegt. Benkert und Jorzik in Wedel konnte ein Ersatzteil für weniger als 10,- € liefern, ich baute es ein, ärgerte mich über die 50,- € des Kostenvoranschlags und freute mich, dass es wieder funktionierte.

UKW-Funke

Sicherheit war und ist für mich einfach wichtig. In Verbindung mit dem Garmin 126

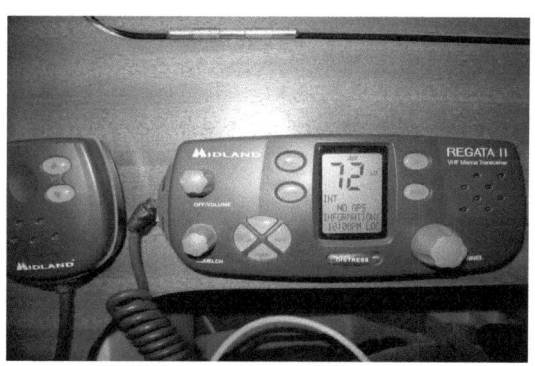

konnte ich im Notfall über die Distress-Taste meine Position übermitteln. Benutzen brauchte ich diese Funktion bis heute nicht, Gott sei Dank. Aber, an Brücken, Schleusen, Sperrwerken, in Häfen und in der Verständigung mit anderen Seglern, Schiffen, der Wasserschutzpolizei, dem Zoll ist es eine große Hilfe. Ob ich mir nochmal ein stationäres Gerät anschaffen würde, ist fraglich. Unterwegs ist es fast unbrauchbar, denn man kann es aus dem Cockpit nicht bedienen, müsste aufrüsten mit Fernbedienung und Lautsprecher im Cockpit. Lohnt der Aufwand? Die neueste Entwicklung zum Schluss: Die Bundesnetzagentur verschickte vor Tagen einen Gebührenbescheid für das Jahr 2011, nachdem man ab 2009, also 6 Jahre lang! - nichts mehr von denen gehört hat. Ich habe umgehend gekündigt und bin gespannt, ob für die Jahre 2012 bis 2015 auch noch Gebühren erhoben werden. Man braucht offensichtlich gerade jeden Cent.

Barometer
Ein rapides Abfallen des Luftdrucks muss

als Vorwarnung für Starkwind betrachtet werden. Leider hat sich bei mir bis dato keine Routine eingestellt, das Barometer regelmäßig, d.h. stündlich zu beobachten. Es war – wenn ich ehrlich bin – das 3er Pack mit Uhr und Feuchtigkeit/Temperatur-Messer, was mir optisch gefiel, und tatsächlich schmücken die Instrumente den Salon, wie auch zwei schöne Aquarelle sowie ferner die Gastlandflaggen der Nord- und Ostsee-Anrainerstaaten. Ein urgemütlicher Salon.

Saison Nr. 2, 3 und 4 (2005 -2007)
Die drei Jahre waren gekennzeichnet dadurch, dass ich das Boot kennenlernte. Mir fehlte noch der Blick für Details, erst einmal musste ich mit der Seemannschaft klarkommen. Die anfängliche Befürchtung, ein zu großes Boot angeschafft zu haben, wich mit jedem Manöver. Ab- und Anlegen, Segel heißen und bergen, Motorfahrten, Ankern, an Bord übernachten, alles wurde mir nach und nach vertraut.

Cockpittisch
Die Aufnahme der Stütze eines Cockpittisches war werkseitig vorgesehen durch ein eingelassenes Gewinde in der Plicht. Man kann sich leicht vorstellen, dass die ca. 5 cm tiefe Verschraubung dem Drehmoment bei Belastung des Tisches nicht standhält. Ich baute daher eine separate Stütze aus Teakholz, quasi mein erstes Werkstück an diesem Boot.

Davon war ich so überzeugt, dass ich es

als ´Gute Idee´ bei der YACHT einreiche und tatsächlich 50,- € Belohnung kassierte. Seitdem grüble ich fortwährend, was ich noch vorstellen könnte :)

Solarpanel
Dass die Verbraucherbatterie am besten immer voll sein sollte, das hat nicht nur den Aspekt der Annehmlichkeit.
Es ist auch sicherheitsrelevant. Ohne

Strom fällt das Navigationsinstrument aus, die 2-Farben Laterne, das Heck- oder das Ankerlicht können nicht mehr leuchten, der Funkverkehr ist nicht mehr möglich. Dann ist man zwar immer noch nicht auf Grund gelaufen oder kollidiert, aber erheblich behindert bzw. im Fall, dass die Lichter ausfallen, ein gehöriges Sicherheitsrisiko. Daher bot sich die Installation eines Solarpanels an, zumal ich mit einem solchen auf dem H-Boot gute Erfahrung gemacht hatte. Nach 2 Jahren löste sich jedoch die Beschichtung von der Grundplatte aus Niro, es lieferte nur noch wenig Strom, ein Garantiefall.

Es wurde alt gegen neu getauscht. Zur Vorbeugung erhielt das neue Panel eine Teakholz-Einfassung.

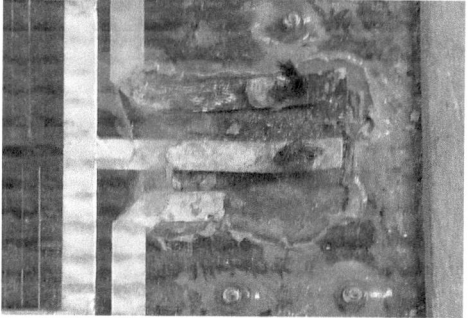

Nach weiteren 8 Jahren entwickelte sich eine Undichtigkeit am Anschluss der Kabel auf dem Panel. Solara bot für kleines Geld ein neuwertig Gebrauchtes an mit einem

Cell-Protector der neuesten Generation, funktioniert sehr gut, empfehlenswert..

Steiner Fernglas Navigator
Mein Geburtstagsgeschenk :) Sehr gute Optik, leider mit einem beleuchteten Kompass. Beim neueren Modellen erhält der Kompass Tageslicht, wodurch er gut ablesbar ist. Die Beleuchtung lässt die Gradzahl in einem schwachen Rotlicht nur mit Mühe erkennen, die Batterie habe ich ausbauen lassen anstatt sie regelmäßig zu ersetzen.

Stattdessen benutze ich zum Peilen den Handpeilkompass, den empfinde ich als praktischer.

DVB-T Fernseher
Sorgt für Abwechslung in den Abendstunden, schöne Sache.

Saison 2008

In diesem Sommer hatte ich mir viel vorgenommen. Durchs Klönen, Schnacken und gelegentliche Wettfahrten mit dem Winterlagernachbar hatte ich viele Anregungen bekommen, erstaunlich, wie gut manche Leute informiert sind. Björn gab reichlich Erklärungen und Tipps, z.B. auch zur Navigation und zum Segeltrimm, und so löste sich manch technisches Problem. Überhaupt verstand ich das ganze Boot dadurch besser. Nicht zuletzt durch ihn bildete sich die Idee, auf der Nordsee bis in den Limfjord zu segeln, diesen dann bis zur Ostsee zu durchfahren und zurück durch den Belt nach Kiel, durch den NOK wieder nach Wedel zu kommen. Es reizte mich die Vorstellung, auf etwas größere Fahrt zu gehen und heraus zu finden, was alles mit dem Boot möglich wäre. Schließlich war die Rentenzeit nicht mehr ganz so weit entfernt...

Auf die Nordsee zu gehen, davor hatte ich gehörigen Respekt, Wer den nicht hat, sollte dringend fernbleiben. Mir wurde klar, dass das Boot für eine ´richtige´ Seereise auf hoher See noch aufgerüstet werden musste.

Windfahnensteuerung
Da ich diesen Törn einhand plante und die Liegemöglichkeiten an der Nordseeküste nicht sehr zahlreich sind, bedeutete das,

dass große Entfernungen zu segeln waren. Mit dem Pinnenpiloten war es nicht möglich, nicht nur weil er unter Segeln zu schwach ausgelegt war, auch der Stromverbrauch hätte nicht ausgereicht. Auch aus Neugierde schaffte ich also die Windfahnensteuerung an. Wie es der Zufall wollte, lag die Firma Windpilot in unmittelbarer Nähe zu meiner Schule. Eine meiner Schülerinnen wohnte sogar im Haus von Peter Förthmann, dem Gründer und Entwickler der Pacific Steuerung. Von den weltweit gebräuchlichsten Steuerungen gibt es nur eine handvoll, die sich im Betrieb den extremen Anforderungen als geeignet heraus gestellt haben, die Pacific gehört dazu, die Aries (von Wilfried Erdmann bevorzugt) sowie die Monitor. Ich hatte Glück, konnte eine gebrauchte ´Pacific´ erwerben. Zum Anbringen am Heck bedurfte es einer stabilen Konstruktion. Eine mit Bolzen gefestigte Hartholzplatte ersetzte die Spiegelklappe. Darauf konnte sehr einfach die Windfahne verschraubt werden (zu sehen auf der Internetseite bei Förthmann). Besonders auf der Nordsee-Reise war die Anlage eine große Hilfe. Sie steuerte umso besser je stärker der Wind wehte. Vor der dänischen Küste, als ich schon die ganze Nacht durchgesegelt war, konnte ich mich wunderbar ausruhen, sogar – natürlich in Ölzeug und im Cockpit – ein kurzes Nickerchen machen.

Ansonsten muss man das Gerät ziemlich häufig trimmen, also immer wach bleiben.

Nach vier Jahren, als mir klar geworden war, dass ich keine ´große´ Reisen mit diesem Boot machen würde, stellte ich die Anlage zum Verkauf und konnte sie mit nur geringen Einbußen wieder los werden. Es gab ja so gut wie keine Verschleißteile und sie war in dieser Zeit nur wenig im Einsatz.

Bordfahrrad
Als Fahrrad-Junkie und Schnäppchenjäger konnte ich dem Sonderangebot bei minimal nicht widerstehen und habe beim Klapprad zugeschlagen. Vorteile: größerer Bewegungsradius im Hafen, schöne Touren im Umland, geringer Platzbedarf (konnte gut im Salon hinter der Vorkammertür gestaut werden). Nachteil: umständliches Verstauen durch den Niedergang. Trotzdem eine gute Investition.

Kartenplotter
Diese Technik hatte sich gerade erst durchgesetzt. Die Bestimmung des eigenen Standorts war natürlich durch das GPS erheblich erleichtert, aber häufig genug kam es beim Übertrag zu Fehlern, die zwar nach einiger Weile auffielen („das kann doch gar nicht stimmen!"), aber von einem Plotter versprach ich mir eine weitere Erleichterung.
Kurz und gut, ohne Plotter fahre ich nicht mehr los (besonders bei meinem Skipperjob in Kroatien, später mehr dazu). Das ist einfach eine extrem große Hilfe, auf die man aus Sicherheitsgründen nicht verzichten sollte.
Das Gerät bewährt sich mittlerweile in der

7. Saison. Zunächst hatte ich es auf einer Holzplatte (15cm x 10cm) montiert mit einer Steckdose neben der Travellerschiene im Cockpit und einer weiteren in der Navi-Ecke, die ich so gut wie nie benutzt habe. Gerade beim Einhandsegeln will man in kritischen Situationen nicht erst unter Deck gehen, um zu sehen, wohin man am besten steuert. Da will man die Pinne nicht loslassen.

Auf dem Nordsee-Törn musste ich eine Nachtfahrt machen. Da das Gerät erst gerade angeschafft war, hatte ich noch keine Zeit gehabt, es bis ins letzte Detail auszuprobieren. Als es immer dunkler wurde, strahlte das Display umso stärker mit dem Resultat, dass meine Augen geblendet waren und ich für einige Zeit kein Leuchtfeuer mehr erkennen konnte. Die Farben des Nacht-Modus fand ich verwirrend, die Funktion des Dimmens hatte ich nicht parat. Daher behalf ich mich damit, dass ich meine Kappe auf das leuchtende Display stülpte und so nach einigen Sekunden das Leuchtfeuer von Blavand und die Tonnen im Horns Reff erkennen konnte, eine sehr spannende Fahrt.

C-Map Megawide
Nord- und Ostsee
Mit dem heutigen Wissen würde ich eine so große Karte nicht mehr kaufen. Die Veränderungen auf der Ostsee sind meiner Meinung nach nicht so gewaltig, dass man sich mit jeder Saison eine neue Ostseekarte anschaffen müsste. Das Gleiche gilt für das Mittelmeer mit überwiegend felsigen Küsten. Anders auf der Nordsee. Durch die ständig kippende Tide verändern sich die Gründe relativ schnell, dadurch die Lage von Tonnen usw. Hier wäre es fahrlässig, nicht das neueste Material zu verwenden. C-Map bietet einen Update-Service für die Hälfte des Neupreises an. Da bietet es sich eher an, die Nordseekarte als *local* oder *wide* zu kaufen, denn dann kann man zu einem wesentlich geringeren Preis auf den neuesten Stand aufrüsten.

AIS Empfänger
   Antenne und Weiche
Neuer Technik gegenüber bin ich aufgeschlossen und mir leuchtete das Prinzip unmittelbar ein. Da aber längst nicht alle Kollisionsgefahren durch ein AIS System auszuschließen sind, heißt es nach wie vor gut Ausschau zu halten. Eigentlich

ist AIS jetzt nur noch eine Spielerei. Zu sehen, wie ein Frachter aufkommt, mit welcher Fahrt und welchem Kurs, das beeindruckt meine Mitsegler :)

LED 3-Farben Licht
   mit Ankerlicht auf der Mastspitze
Angeschafft unter dem Gesichtspunkt von häufigen Nachtfahrten und häufigem Liegen vor Anker. Dass es nur sehr wenige Nachtfahrten werden sollten, wusste ich zu dem Zeitpunkt noch nicht.Als   Ankerlicht ließe sich sicherlich eine wesentlich günstigere Variante finden. Trotzdem schön, solch eine Laterne zu haben.

Simrad IS 12 Windanzeige
Die Beurteilung einer kritischen Situation

auf See ist in hohem Maße davon abhängig zu wissen, welches die aktuelle Windgeschwindigkeit ist. Gerade auf Vorwind-Kursen kann man sich gewaltig verschätzen. Daher gehört die Windanzeige mit zu den wichtigsten Instrumenten für eine sichere Fahrt. Darüber hinaus erspart sie das ständige Kopfheben Richtung Masttop zur Windex. Sicherheit und Bequemlichkeit sprechen eindeutig für die Anschaffung.

Rettungsinsel
Auf der Nordsee fühlt man sich besser mit

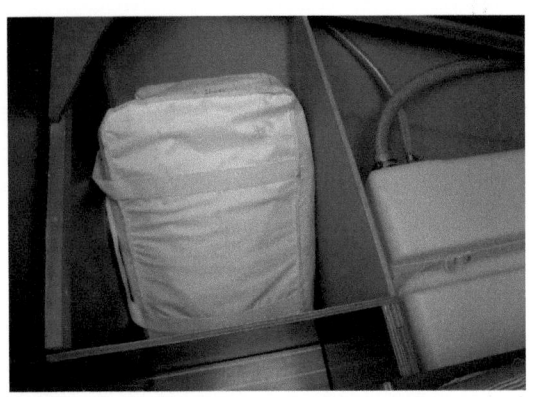

diesem ultimativen Lebensretter, also musste es sein. Mittlerweile ist sie im Stauraum unter der vorderen Koje fast in Vergessenheit geraten. Der Zeitpunkt der Inspektion ist lange überschritten, wenn man aber lediglich auf der Elbe oder in Küstennähe unterwegs ist, scheint mir eine Rettungsinsel nicht unbedingt von Nöten.

EPIRB
Ich wollte auf Nummer sicher gehen und die Wahrscheinlichkeit einer möglichen Rettung aus Seenot beträchtlich erhöhen. Effekt: psychologisch wichtig, man hat ein gutes Gefühl.

Kurzwellenempfänger Nasa HF3
Will man länger als einen Tag auf der See sein, dann gewinnt die Frage, woher man die Wetterinformationen bezieht, an Bedeutung.
Mit einem Kurzwellenempfänger sind sog.

RTTY-Signale zu empfangen, die es in Kombination mit einem Netbook und der entsprechenden Software ermöglicht, mitten auf hoher See die nötigen

Informationen zu bekommen, entweder als Text oder als Fax. Uwe Röttgering benutzte auf seiner abenteuerlichen Fahrt zu den unbekanntesten Inseln dieser Welt das gleiche Gerät, was für mich eine Empfehlung bedeutete. Bei einem Test vor der Fahrt konnte ich das erfolgreich ausprobieren, während meiner Törns habe ich das nie wiederholt. Es ist ziemlich umständlich, im Nachhinein also überflüssig. Solange noch Mittel- und Langwellensender aktiv sind, kann man damit Radio hören, danach wird es für meine Zwecke fast nutzlos.

Mit einer Investition von knapp 6,000,- € fühlte ich mich gut genug ausgerüstet, um die Fahrt über die Nordsee zu beginnen. Auch im Nachhinein bedaure ich das keinesfalls. Es war sicherlich in seemännischer Hinsicht das Highlight meiner Ambitionen und vermutlich wird es das bleiben. Unvergessen die Momente, als vor Amrum über Stunden eine Gewitterfront aufzog und ich entschied, mich nach Wittdün zu verholen. Die erstmalige Passage durch die vorgelagerten Sände und Rinnen wäre ohne Plotter in der Situation äußerst gefährlich geworden. Unvergessen anderntags die wunderbare Fahrt unter Windfahnensteuerung an Sylt entlang. Konstanter Wind mittlerer Stärke aus Ost, fast wie auf Schienen zieht das Boot bei wenig Welle durchs Wasser, die Insel in weiter Ferne. Stundenlanges Ausschau halten an Deck auf diesen tollen Anblick. Unvergessen die Nachtfahrt bei 6 Bft. durch Horns Riff mit der Erleichterung, die Passage geschafft zu haben. Unvergessen am frühen Morgen das Ausweichmanöver weg von einer Flotte von ca. 6 – 7 Fischerbooten, die in Formation nebeneinander ein Schleppnetz zogen. Oder der Sonnenaufgang über den Dünen bei Blavant und Hvide Sande und die Entscheidung zu treffen: „Wenn du nun schon 90 sm gemacht hast, dann schaffst du auch noch die 40 bis Thyborön in einem Rutsch." Oder das kurze Nickerchen im Cockpit und die glückselige Erschöpfung, nach 26 Stunden in Thyborön fest zu sein. Ferner die schöne Fahrt durch den Limfjord, das Ansteuern von Anholt, eine tolle Insel, die Rückfahrt nach Kiel über Samsö und durch den großen Belt, quasi auf einer Pobacke. Alles in allem pures Segelvergnügen!

Saison Nr.6 und 7 (2009- 2010)
Es war die 1. Saison in Altersteilzeit. Mein Plan: die südliche Ostsee entgegen dem Uhrzeigersinn umrunden. Dringende Anschaffungen lagen nicht mehr an (Bordtagebuch weiter unten).

Saison Nr. 9 und 10, (20011-2013)
Neues Großsegel und neue Fock
Als Belohnung für eine 6-wöchige, tapfer durchgestandene, medizinische Behandlung gönnte ich mir einen Satz Segel. Dass es mir bei der Vereinsregatta auf manchen Kursen trotzdem nicht gelang, ein H-Boot einzuholen, gab mir zu denken: Ist dieser Hype um neue Segel aus Laminat etc. völlig übertrieben? Sind die Vorteile einer neuen Segelgarderobe nur marginal? Oder ist es einfach die mangelnde Fähigkeit wirklich gut zu trimmen? Fragen über Fragen...

Simrad IS 12 Logge und Lot
Die Originalausstattung mit den Silva-Geräten funktionierte noch prächtig, bis ich die Sprayhood für zwei Tage mit nach Hause nahm, um sie zu reparieren (geht ganz gut mit einer soliden Nähmaschine).
Es war Regenwasser, das an der Stirnseite des Cockpits, an der die Instrumente

angebracht waren, in das Display des Lots eindrang und dem 20 Jahre alten Instrument das endgültige Aus bescherte.
Im Zuge der Neuanschaffung war es ein Glücksfall, dass ich die zu dem Windanzeige-Instrument passenden Geräte aus der IS 12 Serie noch bekam, denn zu dem Zeitpunkt gab es von Simrad bereits neue Produktlinien. Ich bestellte also das Lot (der vorhandene Geber musste nicht ersetzt werden), die Logge mit einem neuen Geber und ein sog. Multi-Display, das den Wert VMG, (Velocity made good) anzeigen sollte. Auf diesen Wert war ich besonders gespannt, vermittelt er doch das optimale Verhältnis zwischen Höhe laufen und Geschwindigkeit, um ein bestimmtes Ziel zu erreichen.
Die Werte, die dieses Gerät anzeigte,

konnte ich allerdings nicht einordnen. Vermutlich müssen sie noch gekoppelt werden mit dem GPS und einem Wegepunkt, damit sie Sinn ergeben, was aber technisch mit den vorhandenen Geräten nicht möglich ist, schade.
Die Löcher in der Stirnwand bedeckte ich mit kleinen Holzplatten. Für die neuen Instrumente baute ich eine Halterung über dem Niedergang. Da die Instrumente sehr große Ziffern anzeigen, ist auch auf Entfernung das Ablesen problemlos möglich. Leider spiegelt die Oberfläche sehr, da hilft auch keine Beschichtung mit einer matten Folie.

Reparaturen und Umbauten
Ein bekannter Spruch von Weltumseglern besagt, dass ihr Unterfangen eigentlich mehr mit Reparieren als mit Segeln beschrieben werden kann. Im Rückblick auf die 12 Jahre kann ich das nachvollziehen. Ich hatte ja ein perfekt aussehendes Boot erworben, aber die extreme Belastung auf See, die UV-Strahlung, die Feuchtigkeit und der Salzgehalt der Luft, das alles lässt Material ermüden. Es knistert z.B. immer leicht, wenn jemand über den Sandwich-Boden des Decks läuft. So gab es eine Reihe von

Dingen, die – zwar nicht notwendigerweise – aber doch zweckmäßigerweise oder einfach nur aus ästhetischen Gesichtspunkten umgerüstet oder repariert werden mussten.

Travellerschiene für den Spibaum am Mast, 2005

Der Spibaum wurde am Mast durch ein fest montiertes Auge angeschlagen. Das montierte ich auf eine Schiene, sodass der Holepunkt besser angepasst werden konnte, d.h. besserer Stand des Vorsegels/Blisters.

Bugbeschlag, Ankerspill, 2009

Das Ankern war häufig eine Mühsal, daher habe ich es eher vermieden, zu schade um die schönen Gelegenheiten. Die Kausch der Ankerleine, an der die Ankerkette von 10 m Länge angeschäkelt war, verhakte sich stets an der viel zu schmalen Rolle. Im ersten Anlauf ließ ich den Ankerbeschlag aus Aluminium in einer ortsansässigen Metallwerkstatt so umbauen, sodass Leine und Kette problemlos über die Rolle liefen. Zu dumm nur, dass die Werkstatt nicht berücksichtigt hatte, dass der Ankerschaft sich nicht mehr seitlich am Vorstag vorbei

führen ließ, er kollidierte frontal mit dem Stag und der Furlex-Trommel.
Ein weiteres Schweißen wurde notwendig, sodass die Rolle in einem Winkel von ca.

10" zur Schiffsmitte stand. Diese (gesamt ca. 230,- € teure) Lösung hielt für einige Jahre, war aber auf Dauer ebenfalls noch unbefriedigend. Man musste für das Aufholen des Ankers, d.h. für das Überholen des Schaftes an der Rolle, enorm viel Kraft einsetzen.
Eine Ankerwippe schien mir zur Verbesserung unmittelbar einleuchtend. Sie kippt den Schaft wesentlich leichter in die Waagerechte.

Solch eine Wippe auf dem begrenzten Raum der Bugspitze unterzubringen, bedurfte sehr genauer Planung, eine Sache von Millimetern. Schlussendlich ließ ich in einer anderen Werkstatt ein dreieckige Platte aus Niro zuschneiden,

bohrte die entsprechenden Löcher und hatte fortan ein ganz wunderbares Ankerspill. Ankern machte fortan richtig Spaß! Der Bugspitze verpasste ich eine Kappe aus Kevlar. Ich nahm einen Gipsabdruck und überzog die Negativform mit 2 Lagen Matte, sieht einfach nur schön aus und natürlich sehr professionell :).

Rudersanierung 2006
Es gab irgendeinen Anlass, vermutlich eine Grundberührung, an den ich mich nicht mehr erinnern kann, sodass es mir ratsam

erschien, mich an den dafür vorgesehenen Dalben des Hamburger Yachthafens trocken fallen zu lassen.

Zu meiner Überraschung musste ich feststellen, dass am Ruderblatt eine etwa Handball große Fläche von der Außenhaut abgeplatzt war. Vermutlich waren Wasserreste daran schuld, die zwischen Schaumkern und Ummantelung gedrungen waren und die im Winter durch Eisbildung Risse an der Stelle produziert haben. Diese wiederum könnten zur Ablösung der Epoxidschicht geführt haben. Aber wer weiß das schon?!

Ich rief bei Dehler an, was zu tun wäre, und wurde beruhigt.

Das Ruderblatt hat eine mit dem Kokerrohr verschweißte Konstruktion von Aluminium-Streben, sei also sehr stabil. Der

Schaumkern sei wasserdicht, so sei kein

Schaden zu befürchten, Weiterfahrt unbedenklich, die Saison musste nicht vorzeitig beendet werden, sogar eine geplante Fahrt nach Helgoland war problemlos möglich.

Die Winterarbeit bestand darin, die Epoxid-Schicht abzutragen (ging recht einfach, das meiste platzte in großen Stücken vom Schaustoffkern herunter), das Ruderblatt mit Glasfasermatten und Epoxy zu

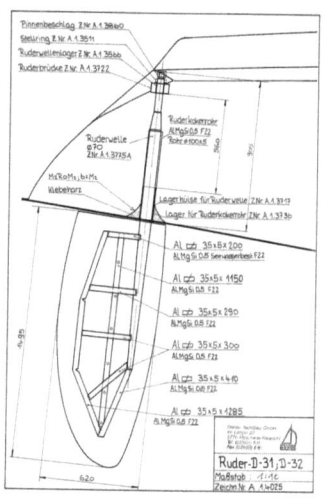

ummanteln, zu spachteln, zu glätten, Grundierung und Primer aufzutragen und mit dem gesamten Unterwasserschiff mit Antifouling zu versehen.

Brückendeck 2007

Eine rein ästhetische Maßnahme. Der Niedergang hat bei der Dehler 31 in der Original-Version Aufnahmen für die Acryl-Steckschotten aus Kunststoff.

Da mir die Brückendecks auf anderen Booten sehr gut gefielen, machte ich mich im Winter an die Arbeit, die Einfassung des Niedergangs mit Teakleisten zu versehen

und vor den Niedergang ein Brückendeck zu bauen. Dadurch wurde es auch notwendig, eine weitere Stufe auf die Motorabdeckung zu setzen, denn der Schritt ins Schiff wäre sonst zu groß. Mittlerweile kommt niemand auf die Idee, es könne sich um einen nachträglichen Einbau halten. Innen wie außen sieht es einfach perfekt aus.

Vorteile: man kann dort sehr gut sitzen, während das Boot von der Windfahne oder Crew gesteuert wird, denn dort ist es vor Wind- und Regen geschützt, man kann Dinge dort abstellen, quasi als Tischersatz, und - im zwar unwahrscheinlichen Fall von überkommenden Wasser - ist der Innenraum besser geschützt. Nachteil: der Einstieg unter Deck ist weniger bequem.

Umbau der Pantry 2008
Es waren einige unschöne Stellen im Mahagoni-Furnier rund um die Spüle in der Pantry, die mich veranlassten, mit sehr feinem Schleifpapier eine bessere Optik zu erzielen.

Das ging mächtig schief, denn ich schmiergelte schnell durch die obere Schicht, das sah ganz schlimm aus. Da entschied ich mich, die Pantry neu zu beschichten mit Resopal. Bei Ruegg hatte ich geeignete Platten entdeckt, in beige und anthrazit. Ich entschied mich für die dunklere Variante. Da sich die eingebaute Doppelspüle nicht ohne Gewalt aus der Verankerung ablösen ließ, wodurch sie sich verformte, setzte ich bei der Gelegenheit zwei neue Spülbecken ein. Die Herdabdeckung wurde ebenfalls neu beschichtet. Dadurch vermittelt die neue Pantry einen moderneren, gepflegten Eindruck. Unterstützend wirkte auch, dass ich die Mahagoni-Schiebeluken des Schapps in der Pantry durch helles Acrylglas ersetzte. Ca. 1,3 m² weniger Mahagoni brachte deutlich frischen Wind in

den Salon.
Im gleichen Zuge bearbeitete ich den Salontisch. Ich ließ ihn auch auf der Backbordseite durchsägen, sodass er beidseitig klappbar ist, und ich nahm jeweils 2 cm davon ab.

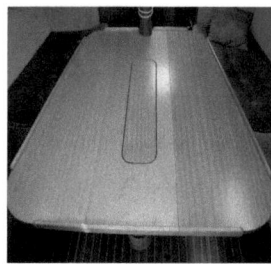 

Er war im Original einfach viel zu groß geraten. Vorteil: Man kommt an den Stauraum backbords unter den Sitzen viel besser dran.

Kielsanierung, 2009
Der Schaden war bereits nach der 3. Saison zu bemerken. Erst fiel mir auf, dass am Ende des Kiels ein kleines Rinnsal aus der Abdichtung lief, das zwar schnell trocknete, also kein unmittelbarer Handlungsbedarf. In der folgenden Saison erneuerte ich die Silikondichtung auf ca. 20 cm Länge in der Hoffnung, das Leck abgedichtet zu haben. Leider gefehlt. Im Folgejahr lief dort mehr Wasser raus als zuvor, es musste etwas geschehen. Da ich

in Altersteilzeit war und somit Zeit und Lust hatte, reizte mich die Aufgabe und ich entschied mich nach sorgfältiger Überlegung, den Kiel abzuschrauben, ca. 30 cm herunter zu lassen, zu bearbeiten und von der Yachtwerft Wegener anflanschen zu lassen. Das traute ich mir nicht zu.

Ich ging mit Björn eine Wette ein, ob der Kiel nach dem Lösen der Bolzen von allein herunterkommen würde. Die 20,- € konnte ich einstecken, denn im Schneckentempo

senkten sich die 1,3 t ab. Nach ca. 10 Min. stand der Kiel in der Holzkonstruktion, die Arbeit konnte beginnen. Passanten stoppten und bestaunten, andere kommentierten skeptisch: „Ob das wohl gut geht?" Ein bisschen mulmig war mir schon. Im Nachhinein würde ich die Arbeit nicht noch einmal machen, wegen der Belastung durch Feinstaub beim Abtragen der Farb,

Harz- und Spachtelschichten. Trotz hochwertiger Atemmaske ließ es sich nicht vermeiden, überall mit dem Feinstaub in Berührung zu kommen und spätestens zuhause beim Entkleiden davon einzuatmen. Natürlich hat es Geld gespart, ca. 3.000,- €. bis 4000,- €. Ich war froh und erleichtert, als der Kiel wieder angeflanscht und diese Herkules-Aufgabe erledigt war. Definitiv die aufwändigste Arbeit, die ich an dem Boot vorgenommen habe.

Erneuerung der Innenverkleidung, Polsterbezüge, 2010
Es begann damit, dass sich im Salon von der mittleren Abdeckung des ´Himmels´ die Stoffbespannung löste. Anstatt einer Wölbung nach oben hing sie nach unten durch, kein schöner Anblick. Die beiden seitlich angrenzenden Abdeckungen mussten natürlich ebenfalls ersetzt werden, um ein einheitliches Bild zu haben. Statt die Holzplatten neu mit Stoff zu bespannen, ließ ich beim Tischler flache Nuten einsägen im Abstand von 4 cm (hatte ich mir auf der Bootsmesse abgeguckt). Es wurde mehrfach sorgfältig matt-weiß gestrichen, sieht schön aus. Das gefiel mir so gut, dass ich in den Kajüten vorne und achtern die grauen Wandverkleidungen

aus billigem Teppich ebenfalls durch geriefte, weiße Holzverkleidungen ersetzte.

Desgleichen löste sich ebenfalls die Bespannung der Decke in der Achterkammer. Der unterfütterte Schaumstoff bröselte nach 14 Jahren heraus. Auch dort brachte ich eine geriefte Verdeckung an und strich die restliche Fläche mit weißer Farbe. Fortan hatte ich nicht mehr das Gefühl, beim Schlafen gehen in eine dunkle Höhle kriechen zu müssen. Es war eine freundliche, helle Achterkammer entstanden. Die unansehnlichen Bezüge der Polster in den Kammern konnten danach nicht mehr so bleiben, sie erhielten einen neuen Bezug in einem warmen Rotbraun.

Zu guter Letzt ersetzte ich die bräunlichen Gardinen durch weißen Stoff, dadurch ergab sich ein sehr freundlicher Gesamteindruck unter Deck, alles wirkte hell und freundlich.

Austausch des Vorstags 2011
Das ist sicherlich eine der größten Ängste, dass das Vorstag bricht und der Mast herunterkommt. Die Wanten hielten der fachmännischen Prüfung stand, das Vorstag zu erneuern schien mir nach 20 Jahren angezeigt.

Austausch des Main-Drop-Systems 2011
Eigentlich ist das Main-Drop-System von Dehler eine gute Erfindung, wäre da nicht der Umstand, dass Regenwasser durch die Nähte und den Reißverschluss dringt, dass die Segel somit feucht werden und lange Zeit zum Trocknen brauchen. Mehrfach arbeitete ich an einer Lösung, z.B. durch Lüftungnetze, die Feuchtigkeit unter der Plane schneller austrocknen sollten. Geringer Erfolg.

Schweren Herzens habe ich diese

Persenning abgeschafft, die Segel fielen natürlich in diese Aufnahme hervorragend hinein. Aber eine traditionelle Baumpersenning schien mir die bessere Lösung. Die Segel werden von oben abgedeckt, sodass sie nicht nass werden und zudem gut nachtrocknen können, sofern sie mal feucht sind. Die Lazy-Jacks blieben weiterhin angeschlagen, sodass die Segel beim Lösen des Falls ebenfalls gut aufgefangen werden.

Genuabaum, 2014
Dass ich bei den Vereinsregatten – die einzige Regatta, an der ich teilnehme, die mir aber sehr wichtig ist - nur im Mittelfeld landete, obwohl das Boot von der Yardstickzahl 105 eigentlich vorne sein müsste, ließ mir über die Jahre keine Ruhe. Man fängt dann an zu grübeln. Auch mit den neuen Segeln war da nur wenig Besserung. Allerdings gingen vordere Plätze dadurch verloren, dass es beim Setzen und Bergen des Blisters immer wieder Probleme gab. Da entschied ich mich zur Installation eines Gennakerbaums. Diese Bäume gibt es konfektioniert von Selden, in Alu-Ausführung für gut 700,- €, in Kevlar für den doppelten Preis. Nicht nur aus

finanziellen Gründen reizte es mich, eine Eigenkonstruktion zu planen und umzusetzen. Die Herausforderung: der Anker in der Ankerwippe sollte bedienbar bleiben, die Halterung für den Baum musste auf dem Bugbeschlag Platz finden, die Ankerklappe musste sich weiterhin öffnen lassen, um das Stromkabel an- und abzuschlagen bzw. den Anker fallen zu lassen und auf zu holen.

Das Alu-Rohr ließ sich für kleines Geld in

einer Metall-Handlung besorgen, ebenso das Eloxieren. Zusammen mit dem Kleinkram inkl, zweier Holzmodelle kostete die Geschichte einen Bruchteil des Selden Baumes, der auf dem geringen Platz des Vordecks nicht unterzubringen gewesen wäre. Also, nur Mut zu Eigenlösungen!

Verstellbare Holepunkte, 2011
  Umlenkrollen auf den Genuaschiene
  Blöcke auf der Travellerschiene und dem Schlitten für die Großschot

Im Laufe der Jahre versucht man natürlich, die Kunst des Segelns an der Kreuz zu verbessern.

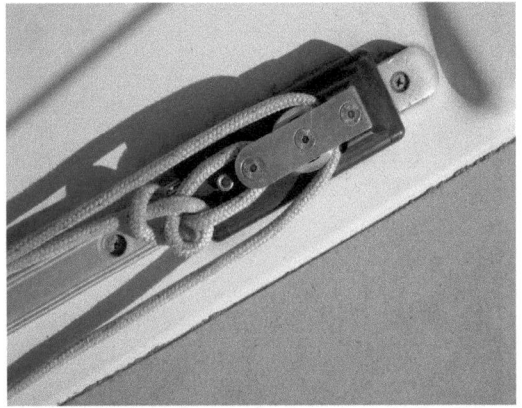

Vor dem Wind kann jeder, am Wind trennt sich die Spreu vom Weizen. Da kommt es bekanntlich auf cm an. Das Anbringen von Rollen und Blöcken hat sich bewährt, aber in der Handhabung muss ich mich noch mächtig verbessern, um bei der Vereinsregatta weiter vorne zu landen.

Die Veränderung an der Großschot musste ich nachträglich 2-mal korrigieren.

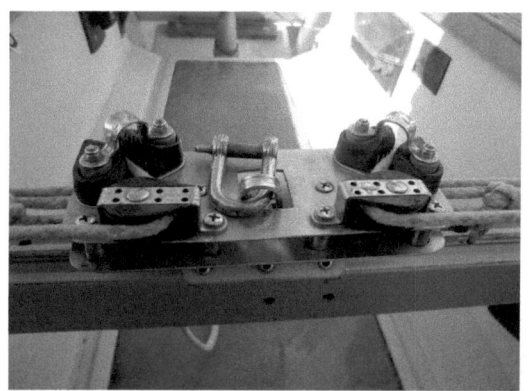

Zunächst wählte ich die kostengünstigere Variante mit den Curry-Klemmen an den Endstücken. Das bewährte sich nicht, weil man beim Segelsetzen und -bergen immer wieder auf die Blöcke trat, wodurch sie sich verbogen. Die erste Eigenkonstruktion, bei der ich die Klemmen von den Endstücken auf den Schlitten montierte, erwies sich als richtig, war allerdings nicht stabil genug. Die derzeitige Lösung arbeitet perfekt, man kann den Holepunkt ausgezeichnet verstellen, auch unter Belastung.

Havarien
September 2005
Auf der Fahrt von Wedel in den City-Sportboothafen Hamburg hatte ich auf der Höhe Waltershof die Segel geborgen.

Für die Dauer des Bergens hatte ich meiner Nichte das Ruder übergeben. Sie besitzt einen kanadischen Bootsführerschein und ist erfahren im Steuern von Motorbooten.

Die Fock und das Groß waren bereits geborgen, als der Unfall passierte. Ich war noch damit beschäftigt, die Reffleinen zu klarieren, als im letzten Moment direkt voraus die Tonne auftauchte. Sie wurde von meiner Nichte – vermutlich durch Sichtbehinderung des herunterhängenden Großsegels – übersehen. Ein Manöver des letzten Augenblicks misslang. Wir kollidierten am Steven mit der Tonne, das Schiff schrammte auf ganzer Länge steuerbord an der Tonne lang. Ein Versicherungsfall, 500,- € Selbstbeteiligung futsch.

April 2010

Es war in der 6. Saison, als das Boot im

Frühjahr wie gewöhnlich gekrant wurde. Die Vorfreude auf das Kranen finde ich immer besonders schön, man weiß dann, dass die Saison losgeht. Der Motor sprang an, die kurze Fahrt zum Liegeplatz verlief problemlos. Dann musste ich aufstoppen, um längsseits an den Ausleger zu kommen. Oh Schreck, der Rückwärtsgang zeigte nicht die geringste Wirkung, eine Kollision mit dem Heckkorb meines Nachbarn war unvermeidbar.

Der Schaden an seinem Boot war kaum zu erkennen, großzügig nahm Gerd das Ereignis zur Kenntnis und stellte keinerlei Ansprüche, aber mein Bugkorb war

hoffnungslos verbogen. Da half nichts, es musste ein neuer her, Totalschaden, ein Versicherungsfall, 500,- € Selbstbeteiligung futsch, extrem ärgerlich. Der neue Korb wurde bei Dehler bestellt, musste extra angefertigt werden, und ich holte ihn selbst aus Freienohl im Sauerland ab. Bei der Gelegenheit konnte ich einmal dorthin fahren, wo das Boot gebaut wurde. Die Produktion neuer Schiffe war allerdings zu dem Zeitpunkt bereits verlegt worden. Die Werft musste in Konkurs gehen und wurde von Hanse Yacht übernommen.

Die Bootskosten in €
Bootsanschaffung	38.750,-
Makler	1980,-
Zeitwert 2016	25.000,-

Kosten/ Jahr
Winterliegeplatz ca.	500,-
Sommerliegeplatz ca.	500,-
Versicherung ca.	500,-
Segelverein	40,-
Funkgebühr	20,-

Verbräuche/ Jahr
Diesel ca.	25,-
Antifouling ca.	80,-
Putzmittel, Politur etc.	40,-
Motorpflege/Ersatzteile ca.	80,-

Alle 2 Jahre
Wartung Schwimmwesten	35,-

Alle 3 Jahre
Wartung Rettungsinsel	290,-

Ca. alle 6 Jahre

Wartung EPIRB 180,-

Reparatur/ Erneuerung
Großsegel 2500,-
Fock 1400,-
Sprayhood 700,-
Pantry 405,-
Brückendeck 462,-
Rudersanierung 103,-
Kielsanierung 1469,-
Bugbeschlag/ Ankerwippe 250,-
Vorstag 250,-
Wasserpumpe 80,-
Batterien 270,-
Ladegerät 172,-
Netzgleichrichter 35,-

Zusätzliche Ausrüstung
Klapprad 290,-
Fernglas 490,-
Schleppangel 188,-
Windfahnensteuerung 2574,-
EPIRB 538,-
Kühlung 403,-
Kartenplotter 599,-
LED 3 Farben-Leuchte 329,-
Gennaker-Baum 169,-
Rettungsinsel 589,-
Nasa HF 3 224,-

AIS Weiche+Antenne	331,-
UKW Funke	189,-
Uhr + Barometer	99,-
Solarpanel inkl. Ersatz	480,-
Ölzeug	480,-
Schwimmwesten	280,-
Verstellbare Holepunkte	
Genuaschiene	204,-
Travellerschiene	320,-
Kleinteile	
257 Einkäufe gesamt	3149,-

Fahrten
2004
Unterelbe
Ostsee: Sonderborg, Dyvig, Lyo, Svendborg, Marstal, Kiel

Seemeilen	520
Motorstunden	53,4
Seetage	24
Mitsegler	17

2005
Unterelbe
Ostsee:
Heiligenhafen, Kühlungsborn, Warnemünde, Darsser Ort, Vitte, Stralsund, Mön, Fakse Bugt, Smaaland

Fahrwasser, Gedser, Neustadt,
Großenbrode, Nysted, Guldborg Sund,
Rudkobing, Marstal
Seemeilen 891
Motorstunden 102,1
Seetage 38
Mitsegler 22

2006
Unterelbe, Helgoland, Cuxhaven
Seemeilen 416
Motorstunden 51,2
Seetage 15
Mitsegler 7

2007
Unterelbe
Ostsee: Bagenkop, Lungeborg, Korsör,
Femö, Nykobing, Gedser, Kühlungsborn,
Burgtiefe, Neustadt, Burgstaaken, Drejö,
Kiel
Seemeilen 1035,4
Motorstunden 70,4
Seetage 40
Mitsegler 8

2008
Unterelbe
Nordsee, Ostsee: Cuxhaven, Amrum,
Thyborön, Aalborg, Anholt, Samsö, Kiel

Seemeilen	796,8
Motorstunden	64,7
Seetage	29
Mitsegler	5

2009
Unterelbe
Ostsee: Kiel, Wendtorf, Burgstaaken, Warnemünde, Barnhöft, Stralsund, Greifswald, Dziwnow, Mrzozyno, Swinemünde, Stettin, Trzebiez, Karlshagen, Sassnitz, Rönne, Simrishamn, Hanö, Karlshamn, Tjarö, Karön, Arpö, Karlskrona, Tarnö, Abbekäs, Trelleborg, Klintholm, Agersö, Bagenkop, Kiel

Seemeilen	1325
Motorstunden	105,1
Seetage	58
Mitsegler	8

2010
Unterelbe
Nordsee: Cuxhaven, Wilhelmshaven, Hooksierl, Wangerooge, Spiekeroog, Helgoland

Seemeilen	557,8
Motorstunden	66,7
Seetage	21
Mitsegler	2

2011
Unterelbe
Ostsee: Kiel, Heiligenhafen,
Kühlungsborn, Gedser, Warnemünde,
Burgstaaken, Rödby
Seemeilen   768,8
Motorstunden   69,6
Seetage   46
Mitsegler   12

2012
Unterelbe
Seemeilen   468,8
Motorstunden   45
Seetage   25
Mitsegler   16

2013
Unterelbe
Seemeilen   332,2
Motorstunden   22,8
Seetage   22
Mitsegler   19

2014
Unterelbe
Seemeilen   442,6
Motorstunden   27,9
Seetage   26
Mitsegler   23

2015
Unterelbe
Seemeilen 236
Motorstunden 30,7
Seetage 23
Mitsegler 22

Gesamt
Seemeilen 7791
Motorstunden 717
Seetage 370
Mitsegler 161

Reisetagebuch Ostseetörn 2009

2009-06-07

Vor Reisebeginn

So, nun sind es noch 5 Tage, dann heißt es "Leinen los!". Gestern konnte ich noch einiges an Bord erledigen: die Windfahnensteuerung anbringen, den Wassertank reinigen und den Wetterempfänger überprüfen. In der kommenden Woche erwarte ich noch zwei ganz wichtige Dinge: den Geber für die Windanzeige (Wer möchte sich mal in den Mast ziehen lassen?) sowie die EPIRB-Boje. Der SVB-Versand hatte

Lieferschwierigkeiten, hat die Lieferung aber bis Mittwoch zugesagt. Also: Daumen drücken, dass die Sachen auch rechtzeitig ankommen!

2009-06-08

noch 3 Tage

Gestern war ein trister Sonntag, habe mich vergraben und gemütlich zu Hause das Ostseebuch von Sönke Roever gelesen. Für die Törnplanung kann man nicht genug Infos sammeln. Dann nahm ich mir auch noch das Tagebuch meiner Eltern vor. Es sind die Briefe meiner Eltern während des Krieges. Mein Vater war bei Kriegsende in Estland und Lettland stationiert, daher kommt auch ein Teil meines Interesses am Baltikum.
Nur zum Wählen war ich draußen. Wenn jetzt noch die beiden restlichen Ausrüstungsgegenstände kommen, kann es losgehen. Also, bislang alles im Plan.

2009-06-08

Email: Seesack packen

Hier sind einige Hinweise zu Dingen, an die Du unbedingt denken solltest. Bitte alles in einen Sack oder eine Tasche packen, einen Koffer kann man nur schwer verstauen. Personalausweis, Reisepass, Bettlaken und Schlafsack, Bordschuhe mit heller Sohle, wind- und wasserdichte Hose und Jacke, warme Kleidung, Pullover etc. (es kann sehr kalt werden an der Kreuz), leichte Kleidung und Kappe, die vor Sonne schützen (es kann sehr warm werden bei Sonnenschein und Raumschotkurs, die Hitze staut sich dann im Cockpit), Badesachen, Mückenschutz, Bücher und ggf. ein Spiel. und natürlich all die anderen Sachen, die man auch in einem normalen Urlaub benötigt.

2009-06-09

Hamburger Schmuddelwetter

Heute Morgen war ich kurz noch einmal in Wedel, es regnete in Strömen. Laut Wettervorhersage soll es am Donnerstagmorgen ähnlich sein. Immerhin kommt vermutlich der Wind aus der richtigen Richtung. Es wird sicherlich auch noch eine ganze Menge zu tun geben, denn mit einigen Dingen bin ich noch nicht fertig geworden und werde es auch bis Donnerstag nicht mehr schaffen. Leider werden wir auch auf die EPIRB-Boje verzichten müssen, sie kann nicht geliefert werden. Trotzdem soll es natürlich übermorgen losgehen.

2009-06-10

Start verschoben

Morgen soll es stark regnen und ab Mittag viel Wind aus NW geben. Daher habe ich mit Olaf, meinem ersten Mitsegler, besprochen, dass wir den Start verschieben auf Samstagmorgen.

2009-06-11

Es kann nur besser werden

Gestern war das Glück sicherlich nicht auf meiner Seite. Es war nicht nur das Wetter, das zum Verschieben des Starts veranlasste. Ich erwartete auch die elektronische c-map Karte. Es ist wirklich erstaunlich, was auf solch einen kleinen Chip passt, die komplette Nord- und Ostsee. Es lässt sich sehr gut, sprich sehr einfach damit navigieren, denn der eigene Standpunkt ist immer durch ein blinkendes Symbol auf dem Plotter zu sehen. Heute nun, hurra, habe ich dieses kleine Wunderwerk bekommen. Ansonsten war die Entscheidung der Startverschiebung richtig, es regnete den ganzen Tag, und nachmittags stürmte es aus NW.

2009-06-13

Gleich soll´s losgehen

Um 9:00 Uhr hole ich Olaf in Schnelsen ab. Möglichst schnell versuchen wir dann loszukommen. Der Strom kippt bereits um 8:30 Uhr, vermutlich schaffen wir es bis Glückstadt. Morgen früh geht es zeitig weiter bis Brunsbüttel. Sofern wir nicht zu lange vor der Schleuse warten müssen, können wir uns noch auf den Weg nach Rendsburg machen. Dort wären wir dann ca. 21:00 Uhr. Andernfalls müsste der Crewwechsel in Brunsbüttel stattfinden. Schuld an der Misere ist das Sturmtief, das über Norddeutschland hinweg gezogen ist. Gestern waren die Böen so heftig, dass sich Antares bereits im Hafen mit 5 Grad auf die Seite legte, an Auslaufen ist bei solch einem Wetter nicht zu denken. Auch heute erwarte ich viel Wind von vorn, leider. Ich melde mich telefonisch heute Abend.

2009-06-14

Stürmischer Auftakt

Samstagmorgen ging es endlich los. Der Wind kam wie erwartet aus NW mit satten 4 - 5 Beaufort, das ablaufende Wasser stand dagegen und so mussten wir 5 Stunden bei einigem Wellengang gegen an kreuzen, um von Wedel nach Glückstadt zu kommen. Sehr viele Boote waren nicht unterwegs, aber es hat trotz aller Anspannung Spaß gemacht! Von Glückstadt ging es heute Morgen zeitig um 8:00 Uhr weiter, allerdings bei wesentlich weniger Wind aus südlicher Richtung. So kamen wir schnell nach Brunsbüttel und hatten das seltene Glück, ohne Wartezeit direkt in die Schleuse einfahren zu können. Weitere 6 Stunden langweiliger Kanalfahrt und wir waren in Rendsburg. Mein Mitsegler wurde bereits von Frau und Sohn am Steg empfangen, sie hatten uns bereits von der Autobahnbrücke aus in den Obereidersee einbiegen gesehen. Also alles im Lot. Morgen geht es weiter nach Kiel. Die Aussichten für die kommende Woche sind günstig, steter Wind aus westlicher Richtung. Olaf ging von Bord.

2009-06-19

Crewwechsel

Sonntag stieg Karl in Rendsburg zu, Montag Matthias in Kiel. Die Fahrt durch den NOK verlief sehr kurzweilig, wir hatten leichten Rückenwind und schnell war die Schleuse in Holtenau erreicht. Von dem verheerenden Brand vor einigen Tagen davor war nicht viel zu erkennen. In Düsternbrook wurde noch einmal so richtig eingekauft: Wasser, Getränke, Lebensmittel etc. Diesel wurde gebunkert, und am Schluss des Tages haben wir uns nach Wendtorf verholt. Der Yachthafen war relativ voll, aber Menschen waren kaum zu sehen. In den angrenzenden Gebäuden stehen viele Läden leer, alles wirkte recht verwaist. Am Abend kocht der Skipper Pasta: Aglio, Olio und Pepperoncino, dazu ein guter Rotwein und der zweite Abschnitt konnte beginnen.

2009-06-19

Dienstag, 16.6.

Am Dienstag ging es im Sauseschritt nach Burgstaaken auf Fehmarn. Bei achterlichem Wind aus SW kamen wir sehr gut voran, Schon um ca. 15:00 Uhr konnten wir anlegen. Dann überraschte uns Matthias mit Schampus und Lachshäppchen. Er hatte in der Woche davor sein Staatsexamen mit „sehr gut" bestanden und das nahm er zum Anlass, um mit uns daraus anzustoßen. Am Abend machten wir noch einen Spaziergang nach Burg, dem Hauptort auf Fehmarn.

2009-06-19

Mittwoch, 17.6.

Recht zeitig ging es am Mittwoch von Fehmarn nach Warnemünde. Der mäßig starke, westliche Wind schob uns gut voran, allerdings schlief er ca. 5 sm vor Warnemünde ein, sodass wir unter Motor den Rest der Strecke bewältigen mussten. Wir legten im alten Yachthafen an, fuhren aber abends einmal mit der Fähre über die Warnow zum Resort „Hohe Düne". Dort wurde vor einigen Jahren eine gigantische Anlage mit Segelhafen gebaut, aber auch hier waren noch viele Plätze frei und kaum Leute unterwegs.

2009-06-19

Donnerstag, 18.6.

Wiederum sehr zeitig machten wir uns am Donnerstag auf den Tagestörn. Wir hatten mehrfach Wetterberichte gehört und verglichen, die Wetterlage war nicht ganz eindeutig. Es sollte recht viel Wind und entsprechend hohen Wellengang geben. Mit spannungsvoller Erwartung legten wir ab. Es wurde eine sehr sportliche Fahrt, See 1 – 2 m. Wir kamen sehr gut voran und waren bereits in 7,5 Std. in Barhöft, kurz vor Stralsund. Mit einem Spaziergang im angrenzenden Naturpark und Gesprächen mit den Bootsnachbarn klang der Tag aus.

2009-06-19

Freitag, 18.6.

Die Fahrt am Freitag nach Stralsund dauerte nur knapp 2 Stunden. Matthias verabschiedete sich und fuhr nach Hamburg zurück. Ich telefonierte mit dem Elektronik Ausrüster in Greifswald, bei dem noch das Windanzeigeinstrument liegt. Der Geber war defekt, konnte nicht mehr rechtzeitig nach Hamburg geliefert werden. Morgen werde ich zum ersten Mal allein nach Greifswald unterwegs sein, um das Instrument abzuholen. Dann wird auch mein neuer und vorerst letzter Mitsegler an Bord kommen und die EPIRB Boje mitbringen. Dann ist die Sicherheitsausrüstung endlich komplett. Karl wird morgen früh mit der Bahn zurück nach Rastede reisen.

2009-06-19

Internetzugang

Es ist nicht so einfach, von unterwegs einen Blog ins Netz zu stellen. In den Häfen gibt es häufig keinen WLAN Server, und wenn dann auch kein Internet-Café vor Ort ist, dann ist kein Zugang möglich. Daher bitte nicht enttäuscht sein, dass ggf. über längere Zeit kein neuer Blog zu lesen ist.

2009-06-23
Kolberg 23.6.
Heute sind wir in Kolberg, allerdings nicht mit dem Boot, sondern mit dem Fahrrad! Schon gestern hatten wir viel Wind aus NE und mussten in einen kleinen Hafen ca. 10 sm vor Kolberg einlaufen. Dort sind wir nun eingeweht, da morgen ein noch staerkerer Wind aus NE - also von vorn wehen soll. Hoffentlich dreht der Wind uebermorgen. Am Sonntag segelte ich allein von Stralsund gleich am fruehen Morgen nach Greifswald, denn die Eisenbahnbruecke in Stralsund oeffnet nur alle drei Stunden. In Greifswald konnte ich den Windgeber in Empfang nehmen, und am Nachmittag kam Jens mit der EPIRB-Boje. Er und seine Frau waren mit Auto aus Berlin angereist, sodass wir bequem in Greifswald einkaufen konnten. Dann haben wir uns noch nach Kroeslin verholt. Anderntags ging es erst bei schwachem, umlaufenden Wind raus auf die Ostsee, spaeter bei noerdlichen Winden bis Dziwinow.

2009-06-26

Wind aus Nordost

Nach drei ungeplanten Hafentagen in Mrzezyna war die Wetterprognose heute Morgen unschoen, fuer die naechsten 5 Tage weiterhin Wind aus NE. Unsere Entscheidung war schnell getroffen. Nicht noch laenger warten, sondern ablaufen nach Swinemuende. Nach 8 Std. erreichten wir den Hafen an der Swinemuendung. Jens wird uebermorgen von Bord gehen. Auch wenn sich die Wetterlage noch in der naechsten Woche aendern sollte, oestliche Ziele sind in der vorgegebenen Zeit kaum noch zu erreichen.
Aber Usedom kenne ich noch nicht und die Boddengewaesser sind auch ganz schoen, da werde ich mich noch eine Weile aufhalten.

2009-06-28

Gruß aus Stettin

Nachdem wir gestern noch in Swinemuende Proviant eingekauft und Wasser und Diesel gebunkert hatten, segelten wir durch das Haff bis hinunter nach Stettin. Heute besichtigten wir die

Stadt, und dann brach mein Mitsegler nach Berlin auf. Jetzt bin ich vorerst allein unterwegs. Ich freue mich schon sehr auf Usedom. Vermutlich werde ich von dort langsam die Rueckfahrt antreten.

2009-06-30

Svinemünde die 2.

Gestern ging es schon wieder aus Stettin zurück, ich lag in der Nacht in einem kleinen Hafen am Südufer des Stettiner Haffs, Trzebiez. Das Örtchen machte durchaus einen netten Eindruck, allerdings war die Nacht recht unruhig. Ab 3:00 Uhr waren viele Fischer unterwegs, die ins Haff hinausfuhren und wieder zurückkamen, in kleinen offenen, aber schweren Booten. Sie verursachten reichlich Schwell, sodass ich jedes Mal aus dem Schlaf gerissen wurde. Dafür war heute wieder ein schöner Segeltag. Die Sonne schien und bei mäßigem Wind steuerte die Windfahne das Boot einmal von Süd nach Nord über das Haff. Nun bin ich wieder in Swinemünde. Von dort will ich morgen über die ganz nahe Grenze an den deutschen Teil von Usedom.

2009-07-02

Usedom 2./3. Juli

Gestern habe ich meinem Bordfahrrad einiges zugemutet. Ich war von Swinemünde bis fast nach Peenemünde einmal ganz an der Nordseite der Insel Usedom entlang gefahren. Es gibt zwar einen überwiegend guten Radweg, aber manchmal ging es auch durch den Wald oder in Strandnähe durch Dünen und Kiefernwäldchen, über Baumwurzeln und durch Sandstreifen, und das war für ein kleines Bordfahrrad heftig. Das Rad stammt aus chinesischer Produktion, ich hatte es vor 2 Jahren als Sonderangebot bei minimal gekauft. Es dürften wohl an die 45 km gewesen sein, zurück habe ich die Inselbahn genommen. Die Tour als solche war interessant. In Ahlbeck und Heringsdorf konnte ich die wunderschön restaurierten Strandvillen bestaunen, dann weiter an endlos scheinenden Campingplätzen vorbei, zum Teil durch hügeligen Mischwald. Es gab Streckenabschnitte mit Gefälle/Steigungen bis zu 16%! In Karlshagen nahm ich noch ein erfrischendes Bad in der Ostsee und stieg dann in die Inselbahn ein, um in ca. 1 Std. wieder in Swinemünde anzukommen. Angenehm erschöpft ging ich in die Koje und konnte sehr gut schlafen.

Heute machte ich einen weiteren Hafentag. Ich fuhr wieder mit dem Fahrrad durch den Kurpark, an der Promenade entlang, an den Strand, durch die Stadt und zurück zum Yachthafen. Wenn es morgen weiterhin aus Ost weht, werde ich Richtung Rügen segeln. Hoffentlich löst sich bis dahin der Nebel auf.

2009-07-06

Wie der Wind so weht ...

Am Freitag, 3.7., wollte ich nicht länger in Swinemünde warten, es war natürlich!!! wieder NE 2-3 vorhergesagt. Da dachte ich mir, dass es eine gute Idee sei, diesmal ganz nahe an der Insel Usedom seeseitig entlang zu segeln. Es wurde ein wunderschöner, gemütlicher Segeltag. Besonders schön auch dadurch, dass die Dehler 31 so tolle Schwachwindeigenschaften auf raumen Kursen hat. Wenn man dann andere einholt so über Stunden und dann vorbeizieht und sie achteraus lässt... Ich schipperte nach Karlshafen, auf der Leeseite im Norden von Usedom. Ein sehr schöner Hafen, sicherlich einer von den zahlreichen Häfen, die mit EU-Mitteln neu gestaltet wurden. Abends noch ein Bad in der Ostsee, am Samstagmorgen noch schnell einkaufen, dann ging´s weiter nördlich. Die Sonne schien, der Wind wehte wieder schwach bis mittel, wieder ein toller Segeltag. Im Strelasund musste ich mich entscheiden, Stralsund oder Sassnitz. Unmittelbar nach der Maueröffnung war ich dort über Weihnachten und Silvester einmal hingefahren. Wir hatten in Sassnitz ein Gästezimmer gefunden, in dem die Heizung nicht abzustellen war, also öffneten wir das Fenster, bei eisiger Kälte. Der Wind stand mit einer beachtlichen Braunkohlefahne darauf, wir wählten dann doch die nächtliche Sauna, damals.

Also noch einmal nach Sassnitz, mal schauen, was sich dort getan hat. Kurz vor Sassnitz schlief der Wind ein, die Gelegenheit, mitten auf der See die Badeleiter rauszulassen und – kein Boot in Sichtweite - splitternackt ein Bad zu nehmen. Ja, ja, ich weiß schon, wie ich euch neidisch machen kann. In Hamburg ist es ja wohl gerade schön heiß! Abends hatte der Wind westlich gedreht. Der Hafen ist sehr groß und nach SW - NE ausgerichtet am. Das reichte, um einen kleinen Schwell entstehen zu lassen, und das wiederum bewirkte ein ständiges Klatschen des Wassers unter dem achterlichen Überhang. Auch ein ausgebrachter, untergeschobener Fender brachte nur wenig Beruhigung, die Nacht war daher mal wieder recht unruhig. Ihr dürft also ruhig wieder schadenfroh sein! Dafür gab es im Hafen eine NDR-Bühne mit entsprechendem Programm. Am Schluss sogar ein Konzert der Gruppe "Ich und Ich". Vorher kannte ich nur den Song: "Wir sind vom selben Stern." Mit der unglaublich lauten Musik konnte ich mich ausnahmsweise anfreunden. So ganz viel Neues sagen mir die Texte zwar nicht, aber insgesamt ganz gefällige Unterhaltung. Am Sonntag legte ich ab mit Kurs Bornholm. Der Wind war mit W 2-4 vorhergesagt, das passte. 54 sm. Sehr schönes Segeln, der Windpilot steuerte wieder hervorragend. So ganz allmählich gelingt mir ein immer feinerer Trimm, und das Gerät steuert fast besser als man es selbst könnte. Und es bietet Gelegenheit, sich auszuruhen, sich sehr lange die See anzuschauen, oder die zwei anderen Schiffe voraus bzw. achteraus, oder einfach mal 1o Min. im Salon zu ruhen, oder auf dem Brückendeck in der Abschirmung der Sprayhood zu sitzen, eindeutig mein Lieblingsplatz an Bord. Schweden scheint nun doch in Reichweite.

009-07-07

Gruß aus Bornholm

Gestern habe ich einen Hafentag eingelegt. Der Yachthafen hier in Rönne ist sehr gut ausgestattet, Internetzugang, Strom, Wasser, Einkaufsmöglichkeit... Am Vormittag fuhr ich mit dem Fahrrad in Richtung Duodde. Dort war ich als Student mit einer Gruppe vor schätzungsweise knapp 40 Jahren einmal. Eigentlich hat sich am Gesamtbild in Dänemark wenig geändert. Die Häuser integrieren sich wunderbar in diese leicht hügelige Landschaft. Am südöstlichen Ufer von Bornholm gibt es dann wieder Dünen und Strand mit kleinen Fischer- und Badeorten wie Nexö. Auf dem Rückweg musste ich ganz schön gegen den Wind strampeln. Da habe ich einfach das Fahrrad zusammengeklappt und bin getrampt. Hat wunderbar geklappt. So, jetzt gleich lege ich ab nach Schweden.

2009-07-07

Gruß aus Schweden

Heute starteten einige Boote von Rönne aus Richtung Schweden. Die Bedingungen waren gut, SW um 3. Entsprechend schnell war ich in Simrishamn an der *schwedischen Südküste. Im Moment segle ich gemeinsam mit einem anderen Einhandsegler, der ebenfalls an der schwedischen Südküste unterwegs sein will. Vermutlich werden wir noch den Schlag nach Hanö und Karlskrona zusammen machen. Er ist bereits der dritte Einhandsegler, mit dem ich mich in den Häfen mal unterhalten habe. Auffällig bei allen dreien war das ungeheure Redebedürfnis. Die wollten einfach nicht aufhören zu erzählen. Ggf. geht´s morgen weiter nach Hanö.*

009-07-08

Ruhetage

Da die Wetterlage unsicher und für Do. und Fr. starker Wind angekündigt ist, bleibe ich für ein paar Tage in Simrishamn. Wäsche waschen, Fahrrad reparieren, mit den Nachbarn klönen, in meinem Roman weiterlesen, die möglichen Häfen im Hafenhandbuch nachschauen, im Törnführer nach Sehenswertem forschen, die Seekarte nach möglichen Strecken genau betrachten, Emails beantworten, Karten schreiben... all das lässt sich in einem Hafentag gut unterbringen. Schon seit der Zeit in Polen ist man eigentlich auf Englisch programmiert, wenn man andere Menschen anspricht. Leider konnte man sich dort nur wenig verständlich machen, wahrscheinlich kommt man dort mit Russisch besser durch. In Dänemark wurde bereits viel Englisch verstanden und gesprochen, und hier in Schweden ist es überhaupt kein Problem, es macht richtig Spaß, in die Sprache wieder hineinzukommen und ein kleines Schwätzchen zu halten. 1975 war ich ein halbes Jahr in den USA. Mein Englisch reicht dafür aus. Vielen Dank für eure Emails! Es ist ganz schön, wenn man eine Rückmeldung bekommt anstatt in eine "black box" hinein zu schreiben und nicht zu wissen, wer das eigentlich liest. Das Kommunizieren mit dem Blog ist ja eine ganz neue Erfahrung für mich. Natürlich macht es einerseits etwas Mühe, nach einem langen Segeltag noch einen Eintrag zu machen besonders wenn im Hafen kein WLAN vorhanden ist und man erst noch ein Internetcafé aufsuchen muss. Aber die Möglichkeit, mit anderen darüber in Verbindung zu stehen, ist schon phantastisch. Ja, meine Segeltage waren bislang immer recht lang. Auch die kürzeren Strecken meist nie unter 30 sm, bei einer Durchschnittsgeschwindigkeit von ca. 4 - 5 kn meist 6 - 8 Std. auf dem

Wasser. Entsprechend länger dauern die großen Schläge, Warnemünde - Barhöft oder Sassnitz - Bornholm. Meistens fängt so ein Segeltag mit dem Empfang der Wettermeldung um 6:40 Uhr an. Für die Vorbereitungen benötigt man noch mal mindestens eine halbe Stunde, und wenn man in einem Hafen ankommt, warten noch zahlreiche weitere Aufgaben: Fender ausbringen, Festmacherleinen klarmachen, das Anlegemanöver durchführen (wenn ich alleine in eine sog. Box hinein muss, weil es keine Stege gibt - und das ist in vielen Ostseehäfen der Fall - dann kann das recht lange dauern. Die fehlenden helfenden Hände an Bord müssen dann durch sog. Sorgleinen ersetzt werden, denn gerade bei quer stehendem Wind driftet das Boot extrem schnell und knallt bei dem Nachbarn auf. Gott sei Dank sind fast immer Leute an Land, die bereits darauf warten, eine Leine übernehmen zu können und an einem Poller fest zu machen. Wobei in Sassnitz auf der riesengroßen Mole sehr viele Leute gingen, ohne sich darum zu kümmern, dass ich gerade ein Anlegemanöver der Extraklasse hingelegt hatte. Ich war bei starkem Wind rückwärts in die Box gefahren, das muss man mit Schwung machen, sonst lässt sich das

Boot nicht mehr steuern. Aber bei viel Wind und noch großer Restgeschwindigkeit metergenau aufzustoppen und nicht an die Mole zu krachen, das verlangt Geschicklichkeit und Erfahrung. Nicht umsonst sitzen viele Leute im Hafen auf ihrem Boot und haben gute Unterhaltung dadurch, anderen beim Anlegen zuzuschauen: Hafenkino eben. Meiner Bitte, die Leine zu übernehmen kamen die gerade an der Stelle flanierenden Passanten in Sassnitz nur sehr zögernd nach, und meinen Anweisungen, wie die Leine zu führen sei, folgten sie überaus missmutig. Das war bislang die bescheuertste Reaktion auf eine Bitte um Hilfe. Ich kann mir kaum vorstellen, dass das Segler waren), Geld umtauschen, den Hafenmeister aufsuchen, um das Hafengeld zu bezahlen, sich um das Essen kümmern, den neusten Wetterbericht für den nächsten Tag empfangen (Wetterberichte gibt es im Radio auf Langewelle 177 kHz - wird von Pinneberg ausgestrahlt und ist im Umkreis bis ca. 400 km zu empfangen. Schöner ist natürlich der Empfang durch Internet, das über WLAN direkt auf dem Laptop erscheint, meist mit Satellitenbildern, Windfahnen, Trendvorhersagen usw. Auch beim

Hafenmeister hängt stets der neueste Wetterbericht aus. Es ist erstaunlich, dass man mit etwas Zeit und Kreativität auch die Berichte in Dänisch oder Schwedisch entschlüsseln kann, aber es bleibt natürlich noch ein Unsicherheitsfaktor übrig, den man möglichst vermeiden möchte. Wetter ist das A und O!), und dann irgendwann zufrieden und erschöpft in die gemütliche Koje kriechen und in Null-Komma-nichts in einen Tiefschlaf sinken. Das war dann ein randvoller Tag, der mich innerlich mit Dank erfüllt.

Gestern habe ich mich so mokiert über die Rentner, die nicht aufhören zu quasseln, heute kann ich selbst gar nicht aufhören zu schreiben...

2009-07-09

Erst Sa. geht´s weiter

Da für morgen weiterhin Starkwind vorausgesagt ist, werde ich erst am Samstag weiter segeln. Mein Plan sieht jetzt so aus, dass ich noch bis Karlskrona, ggf. auch noch bis Kalmar nördlich gehen werde, dann aber umdrehe und wieder zurück Richtung Deutschland will. Ggf. kommt noch ein Mitsegler an Bord, das entscheidet sich in den nächsten Tagen.

2009-07-12

Hanö - Karlshamn - Sendepause

Am schönsten ist es immer, wenn ich nach dem Ablegen den Motor abstellen kann, dann wird es irgendwie ruhig, obschon der Wind stark weht. So war es auch vorgestern, als ich von Simrishamn los fuhr. Leider hielt sich der anfangs gute Wind nicht sehr lange. Anstatt der erwarteten 4 - 5 Beaufort waren es nur 2 - 3 und das von achtern. Die Segel schlugen wild und es half nichts, ich musste den Motor anwerfen. Es dauerte über 8 Stunden, bis ich auf Hanö ankam, 3 davon unter Motor. Zu der Zeit hatte der Wind wieder deutlich zugelegt, aber ich wollte zum Schluss die Segel nicht noch einmal setzen, hatte genug an diesem Tag. Auf Hanö aß ich zu Abend und machte dann noch einen Spaziergang zum Leuchtturm. Die Insel ist nicht sehr groß, dafür hat man aber einen tollen Ausblick.

Im Hafen freute ich mich über den Kommentar des Hafenmeisters über mein Anlegemanöver: "Gut gemacht!" Er ist nun wirklich Experte, sieht jeden Tag zig Segelboote an- und ablegen. Die Boote lagen alle im Päckchen. Er wies mir den Platz zu. Ich musste bei seitlich ablandigem Wind in eine Lücke. Vor mir lagen 3 Boot im Päckchen, hinter mir ebenfalls 3 Boote, nur in der Lücke lag nur ein einziges. Anlegen ist eigentlich jedes Mal eine neue Herausforderung. Heute legte ich um ca. 9:00 Uhr von Hanö ab, Richtung Karlshamn. Es waren nur ca. 9 sm bis in einen kleinen Yachthafen, Svanevik, südöstlich von Karlshamn. Tagesziel für morgen: die schwedische Schärenküste von Karlskrona. Dort wird es sicherlich kein Internet geben, daher könnte es sein, dass ich in den nächsten Tagen kein update einstellen kann. Ich werde morgen früh noch mal reichlich Lebensmittel einkaufen, tanken, Wasser nachfüllen, und dann hoffentlich schöne Plätze finden, an denen sich das Übernachten lohnt. Am 19./ 20. kommt mein nächster Mitsegler in Karlskrona an Bord. Von dort aus treten wir den Rückweg Richtung Heimat an.

Die Schleppangel
Über die Schleppangel muss ich was loswerden. Es war im Januar, als meine Burnout-Winterdepression den tiefsten Punkt erreichte. Meine Tage hatten nur noch zwei Höhepunkte: der Kaffee am

Morgen und der Kaffee am Nachmittag. Das brachte mich morgens aus dem Bett und nachmittags nach Hause. Allerdings hatte ich schon im November die Qualität meines häuslichen Kaffeegenusses gesteigert, indem ich mir eine Kaffeemühle kaufte. Kaffeemühlen gibt es ja bereits ab 20,- €. Mich interessierte aber schon etwas längere Zeit das Modell von Kitchen Aid, einer amerikanischen Firma. Das Kaffeemehl wird in einem Glas unterhalb des Mahlwerks gesammelt, man kann es leicht entnehmen, sie ist einfach zu säubern und sieht zudem noch gut aus, ein Schmuckstück für jede Küche. Andere Maschinen zerkleinern den Kaffee zum Teil durch ein rotierendes Messer, wodurch die Feinheit des Kaffeemehls nur schwer zu bestimmen ist. Solche Maschinen werfen das Mehl zum Teil seitlich aus, ein ewiges Reinigen ist vorprogrammiert. Nach dem dritten, sehr langen Verkaufsgespräch räumte mir die Verkäuferin endlich einen Rabatt von 10% ein. In solchen Fällen fallen mir Entscheidungen etwas leichter. Im Januar nun wurde ich immer schon sehr früh wach, zum Teil bereits vor 5:00 Uhr. Einer Bekannten, sie ist examinierte Krankenpflegerin, berichtete ich davon. Für sie war es kein Grund zur Besorgnis, sie hielt es für ein weit verbreitetes Phänomen unter älteren Menschen, besonders häufig in Seniorenheimen anzutreffen, die sog. senile Bettflucht. Ich brauchte einige Tage, um diesen Gedanken an mich heranlassen zu können, aber dann verwarf ich diese Diagnose, denn ich bin zwar sehr vergesslich, aber noch nicht sooo senil. Ich glaube, sie wollte mich ärgern. Um ca. 6:00 Uhr bis 7:00 Uhr war ich dann bereits mit Frühstück, Morgentoilette, Bad und Küche putzen, Email beantworten und Pflanzen gießen (geht bei mir recht schnell, habe nur zwei Zimmerpflanzen) fertig, der lange Tag stand bleiern bevor. Um 11:00 Uhr konnte ich auch nicht mehr lesen, ich stand häufig ganz automatisch von meiner Couch auf, zog mir Schuhe und Jacke an und ging aus der Wohnung, ohne irgendeine Ahnung zu haben, wohin es mich treiben würde. Das war auch für mich immer wieder überraschend, wo ich schließlich landete. So geschah es, dass ich im Segelshop bei AWN an diesem Tag nichts Passendes fand und stattdessen im angegliederten Angelgeschäft aufschlug. Der Verkäufer erkannte wahrscheinlich meine Situation intuitiv, häufig sind sie ja sehr gut geschult. Er verscheuerte mir eine Premium-Angel, indem er mir vier Gutscheine für jeweils 10

€ dazugab. Jeweils einen sollte ich in den kommenden vier Monaten einlösen. Das schien mir machbar, denn ich klebe zu Hause immer Zettel an die Wand oder von innen an die Wohnungstür, damit ich quasi mit der Nase darauf stoße, so nehme ich die meisten Termine und Aufgaben fristgerecht wahr. Es stellte sich heraus, dass es natürlich keine brauchbaren Artikel für ca. 10 € gab. Entweder das Zubehör kostete 3,- € oder 20,- €. Nun gut, im Mai baute ich diese wunderbare Rolle an den Heckkorb und entwickelte eine gewisse Vorfreude in Erwartung der Dorsche, Hornhechte und Katzenhaie, die schließlich auch die Bordkasse entlasten würden. Jetzt nach ca. 500 geschleppten Seemeilen, bin ich schon etwas enttäuscht, dass nicht wenigsten ein Fisch angebissen hat. Man macht sich dann schon einige Gedanken: Ist die Geschwindigkeit des Bootes (ca. 4 bis 5 kn) zu hoch? Ist die Tiefe des Köders zu niedrig? Oder ahnen die Fische, wer da oben im Cockpit sitzt und was dann passiert?

2009-07-18

Im Schärengarten von Karlshamn - Ronneby – Karlskrona

Mo., 13.7. Schon unmittelbar in der Nähe

des Yachthafens Svanevik beginnt das Fahrwasser des Schärengartens. Ich hatte nur wenig Segel gesetzt, damit ich sicher navigieren konnte. Das Fahrwasser führt ja teilweise recht nah an den Felsen vorbei, da heißt es wachsam sein und keinen Fehler machen. Andererseits wollte ich möglichst viel sehen und wahrnehmen von dieser außergewöhnlich schönen Küstenlandschaft. Das Navigieren ging aber einfacher als erwartet, mit dem Kartenplotter wusste ich immer genau, wo ich mich befand, und so konnte ich problemlos die Nordseite der Insel Tjärö anlaufen. Dort fand ich einen Liegeplatz direkt an einer tief abfallenden Schäre, ich brauchte nicht einmal den Heckanker auszubringen.

Bis ich endlich fest war, dauerte es allerdings

ca. eine halbe Stunde. Die Mühe hatte sich aber gelohnt. Ich unternahm sogleich einen kleinen Erkundungsspaziergang. Es gibt hier einen Laubwald mit gewaltigen Findlingen und moosbewachsenen Felsen, ein ganz wunderbarer Kontrast, der im milden Licht der Abendsonne eine traumhafte Stimmung erzeugte. Leider musste ein Jugendlicher mit seinem Schlauchboot abends unentwegt über das Wasser brettern! Die Nacht war aber sehr ruhig und ich konnte wunderbar schlafen. Mit den schwedischen Nachbarn verabredete ich mich gemeinsam nach Karön zu segeln. Die Schweden, soweit ich sie bisher kennengelernt habe, sind wirklich außerordentlich nett, sehr gelassen, freundlich und hilfsbereit. Di., 14.7. Gemeinsam mit den schwedischen Nachbarn legte ich um ca. 10:00 Uhr ab. Sie setzten die Segel, es wunderte mich, da wir östliche Winde hatten. Ich ließ sie vorbeiziehen und merkte, wie es mich in Anspruch nahm, ihnen zu folgen, meinen Kurs auf dem Plotter zu verfolgen, die Landschaft anzuschauen und noch darüber nachzudenken, ob ich auch die Segel setzten sollte. Dazu entschied ich mich schließlich - ein Boot verhält sich unter

Segeln immer etwas stabiler - und ggf. wäre es ja möglich, auch eine Strecke nur unter Segeln zu fahren. Genau da passierte es, dass ich das Großfall nicht festhalten konnte, es rauschte bis in Salinghöhe aus. Den Nachbarn signalisierte ich das Ungeschick und deutete ihnen an, dass ich in einer ruhigen Bucht mit Hilfe des Bootshakens versuchen wollte, das Fall wieder zu erreichen und nach unten zu ziehen. Wir verabschiedeten uns vorläufig. In der Bucht angekommen, stieg ich auf den Baum und mit dem Bootshaken versuchte ich, an das Fall zu kommen. Ich konnte es auch erreichen, allerdings nicht fassen. Mir fiel eine Lösung ein: ein Teelöffel wurde im 90^0 Winkel mit Tesaband befestigt, und siehe da, damit konnte ich in das Auge des Falls einpieken und es herunterziehen, die Welt war wieder in Ordnung. Ich setzte meinen Tagestörn fort, langsam wie am Vortag. Schließlich erreichte ich die kleine Insel Kärön, an denen die Nachbarn bereits warteten. Sie zeigten mir einen Anlegeplatz, und ich nahm ihre Hilfe gerne an. Von Kärön ging eine kleine Fähre hinüber zum Festland. Ich setzte mit meinem Bordfahrrad über und fuhr in das ca. 5 km entfernte Rönneby. Dort trank ich in einer

Konditorei Kaffee und kaufte anschließend in einem Supermarkt ein. Auf dem Rückweg fuhr ich am Ufer des Rönnebyån entlang vorbei an einer schönen Parklandschaft mit Golfplatz, Hotels, Schwimmbädern und Sportanlagen. Der Tag schloss mit einem Rundgang um die Insel (ca. 1 Std.).

Mi., 15.7. Um ca. 10:00 Uhr machte ich mich auf, setzte noch unmittelbar vor Karön die Segel und konnte bei östlichen Winden bis weit hinaus auf die Ostsee, um dann in Richtung Karlskrona zu kreuzen. Nur an zwei Stellen musste ich für wenige Minuten den Motor anwerfen, um eine Tonne zu erreichen. Vor der Hasslö-Brücke entschied ich mich, nach Arpö abzulaufen und an der Nordseite anzulegen. Ganz vorsichtig schob ich mich in den Sund. Hinter der nordöstlichen Landzunge konnte ich schon einige Boote ausmachen. Was folgte war das erste Anlegemanöver mit Heckanker. Es ging zwar nicht richtig schief, aber an der rechten Hand und am rechten Arm habe ich einige Schürfwunden, auch der Heckkorb hat nun einige Kratzer mehr. Machte aber nichts, dort war es wieder wunderschön, ein Naturreservat. Auch diese Nachbarn waren sehr hilfsbereit und außerordentlich freundlich.*

Do. 16.7 Schon sehr früh, kurz nach 5:00 Uhr, wurde ich wach und entschied mich aufzustehen. Ich konnte mit einem Foto die Morgenstimmung einfangen, machte mich auf den Weg zu einer Badestelle, nahm ein Bad, frühstückte und traf die Vorbereitungen für das Ablegen. Bei den Nachbarn regte sich mittlerweile auch schon jemand, der mir behilflich sein konnte. So war es möglich, fast nur unter Segeln loszukommen und lautlos bei Schwachwind aus der Bucht hinauszugleiten, immer wieder ein magischer Moment. Vor der Hasslö-Brücke musste ich warten, dann ging sie wie von Geisterhand auf, auf meinen UKW-Anruf hatte niemand geantwortet. In Karlskrona steuerte ich zunächst einen kleinen Fischereihafen an, es sollte dort 20 Gastliegeplätze geben, die aber als solche nicht gekennzeichnet waren. Daher machte ich nur kurz fest für eine kleine Rundfahrt mit dem Fahrrad über die Halbinsel, um die erste Orientierung zu erhalten. Ein Teil von Karlskrona gehört zum Weltkulturerbe, und ich freute mich schon auf die vielen Sehenswürdigkeiten, die es zu erkunden gab. Am Nachmittag fuhr ich unter Motor wegen des schönen Wetters zu einer kleinen Schäre, um dort *zu ankern und zu baden. Abends verholte ich mich dann in den Stadthafen. Enttäuscht musste ich zur Kenntnis nehmen, dass WLAN nicht funktionierte. Irgendwie bin ich offensichtlich etwas internetabhängig geworden. Eine weitere Radtour entlang der Kai- und Befestigungsanlagen beendete den Tag. Schweden erscheint mir als ein Land, in dem sich die Menschen recht wohl fühlen. Es geht scheinbar sehr ausgewogen und gerecht zu. In vielen Geschäften oder Einrichtungen gibt es eine Nummernvergabe, sogar in der Konditorei. Im Straßenverkehr wird ungewöhnlich vorsichtig gefahren, es gibt viele Schwellen auf den Straßen, die die Geschwindigkeit herunter drosseln, Tempo 30 Zonen sind aufwändig gekennzeichnet etc. So ganz viele Leute habe ich zwar nicht gesprochen, aber von denen, mit denen ich mich unterhalten habe, sagten einige wörtlich, dass sie das Land lieben. Wer macht das schon so unumwunden in Deutschland?! Der Prozentsatz von Einfamilienhäusern ist sicherlich recht hoch, man kann sich vermutlich leichter aus dem Weg gehen. Die Häuser sind – anders als in Polen – in einem sehr guten Erhaltungszustand, die Menschen wirken gelassen und freundlich,*

allerdings auch sehr verhalten. In Polen, so mein Eindruck, ist hingegen Aufbruchstimmung und pralles Leben. Es macht Spaß, in dem jeweiligen Land Charakteristisches herauszufinden, die Menschen auf sich wirken zu lassen, erste Wörter der jeweiligen Sprach zu lernen, in einem Supermarkt zu rätseln, welche Lebensmittel gerade im Einkaufskorb gelandet sind und sich überhaupt interessiert dem Neuen zuzuwenden. Wie Leute das nur schaffen, 10 Jahre oder noch viel länger in einem Land leben, ohne die Sprache zu sprechen?!
Fr., 17.7. Am Morgen traf ich Max, den Dauerredner, wieder. Überrascht war ich nicht, denn ich weiß aus den Törnberichten anderer Segler, dass man häufig Schiffen und deren Besatzung wieder begegnet. Die See hat zwar keine Straßen, aber es gibt natürlich bestimmte Routen, die in der Regel genommen werden, und an den „Knotenpunkten" trifft man sich eben wieder. Im Laufe des Tages traf auch das Ehepaar ein, mit dem ich auf Tjärö und Karön Kontakt hatte, fast überschwänglich für schwedische Verhältnisse war die Begrüßung. Wir tauschten Email-Adressen aus. Es ist eine ganz eigenartige Erfahrung, einerseits allein unterwegs zu sein und

doch immer wieder Bekannte zu treffen, ohne dass man sich verabredet. Ansonsten machte ich mich auf die Suche nach einem Internetzugang. An zwei Stellen sollte WLAN verfügbar sein, allerdings zeigte mein Gerät keinen Empfang an. Später kamen mir Zweifel und mir fiel ein, dass ein kleiner Schieber für den Empfang auf „on" gestellt werden musste. Ich leide zwar nicht an meiner Vergesslichkeit, aber ich könnte mir so manchen Weg ersparen …
Am Abend kochte ich ein Reisgericht mit Schalotten, Tomaten und Garnelen, ich mag die leichte Sommerküche besonders gerne, viele einfache Gerichte habe ich aus den zahlreichen Italien-Aufenthalten übernommen. Für die Scampi gibt es im Supermarkt eine eigene Tiefkühltruhe. Sie liegen darin lose, man holt sie mit einer Schaufel heraus in eine Tüte. Daran konnte ich einfach nicht vorbeigehen. Dazu hätte ich gerne ein Glas Weißwein getrunken, aber leider war der „System Bolaget" schon zu. In Schweden wird Alkohol nur in staatlichen Läden zu sehr hohen Preisen verkauft. Ob man so die Leute vor Alkoholismus bewahrt?
Sa, 18.7. Am Vormittag machte ich in der Stadt noch Besorgungen, freute mich, dass endlich das Einstellen eines updates

klappte. Ich las mein mitgebrachtes Buch fast bis zu Ende, hatte am Nachmittag Kaffeegäste, mit denen ich abends in die Stadt ging. Gerne wäre ich los gesegelt, denn es war mäßiger Wind aus E bis SE.
So. 19.7. Mir war danach, einen Gottesdienst zu besuchen. Das hatte ich im letzten Jahr in einer Kleinstadt im Limfjord ebenfalls gemacht und interessant gefunden, mal eine andere Form kennenzulernen. Um 10:00 Uhr waren außer mir noch sechs! weitere Besucher in der Admiralitetskyrkan. Die Pastorin hatte noch vier Menschen an ihrer Seite, zwei Kirchenälteste, den Organisten und den Küster. Der Aufwand und die Form standen in einem merkwürdigen Missverhältnis zu der kleinen Besucherzahl. Zwischendurch kamen immer mal wieder Leute in die Kirche, scheuten keinesfalls zurück, sondern machten ganz unbekümmert auch noch Fotos. Insgesamt nicht sonderlich erbaulich, schade. Fast den ganzen Tag regnete es, ich las mein Buch zu Ende, die Segelbekanntschaften machten sich auf ihren Weg und verließen den Hafen, und das Warten wurde langweilig.
Wie es nun weitergeht, ist schwer zu sagen. Für Montag und Dienstag ist starker Wind aus SW angesagt, ob wir da loskommen?

So langsam möchte ich gerne wieder in heimische Gewässer.

2009-07-23

Rückreise

Sonntagabend kam mit dem letzten Zug aus Malmö Gleb an Bord. Wir machten uns am Montag Richtung Westen auf und mussten kreuzen, um nach Arpö zu gelangen. Gleiches wartete auf uns am Dienstag, gegen an bis nach Tärnö. Mittwoch war es besser, bei SSW konnten wir Simrishamn erreichen. Die schwedische Südküste wird für mich noch ein neues Revier sein, ich erwarte nach den wunderschönen Schären aber nicht mehr viel an spektakulärer Küste. Die restliche Strecke ist dann einfach nur noch Rückweg, den ich möglichst schnell durchsegeln möchte.

209-07-28

Abbekas - Skäre - Möen - Agersö - Bagenkop

Von Simrishamn konnten wir gerade noch um das Kap kommen, schon wehte uns wieder der Wind entgegen. SW ist eben im Sommer die vorherrschende Windrichtung. Gleb sollte ursprünglich in Liepaja oder

Pavilosta an Bord kommen. Er kommt aus Russland und studiert für ein Jahr in Göttingen. Als klar wurde, dass ich Litauen und Lettland nicht erreichen würde, hatte ich ihm und einer Kollegin aus einer berufsbildenden Schule abgesagt. Ich konnte und wollte einfach keine Vorhersagen mehr machen. Dann ergab sich aber die Möglichkeit, von Schweden den Rückweg mitzumachen und so konnte ich beiden das Angebot unterbreiten. Gleb wollte ohnehin nach Schweden. Schwedisch, Deutsch und Geschichte sind seine Fächer. Dass er nun in Karlskrona zustieg, war mir im Grunde recht. Er hatte noch wenig Segelerfahrung und man hätte eigentlich erst ein oder zwei Tage trainieren müssen, bevor man den langen Schlag von Lettland nach Gotland hätte machen können. Er lernte aber sehr schnell, und so konnte ich mich schon nach kürzester Zeit guten Mutes mal unter Deck ausruhen, während er steuerte. Von Abbekas nach Skäre - in Trelleborg gibt es keine Gastliegeplätze - war es ebenfalls ein mühevolles Gegenansegeln. Trotzdem haben wir es bis Sa. geschafft, dort anzukommen. Am Sonntag mühten wir uns ab, um Klintholm zu erreichen, das Ziel wählten wir aber erst unterwegs, ursprünglich wollten wir nach Seeland. Auf Möen legten wir einen Hafentag ein und radelten mit dem Fahrrad zu den Klippen und nach Liselund, einem Park, den französischer Adeliger für seine Gemahlin angelegt hat mit einem kleinen Schloss und mehreren Gebäuden, die jeweils den Charakter einer Nation widerspiegeln sollten: ein Norweger Haus, ein Schweizer Haus ein chinesischer Pavillon etc. Möen ist nicht nur durch die Klippen eine sehr schöne Insel. Leider herrschte dort Fliegenalarm, anders kann man es wohl nicht beschreiben. Unmengen von Tagesfliegen klebten förmlich an der Kleidung, im Gesicht und überall sonst. Auch an Bord machten sich die Fliegen breit. Erst wenn das Boot eine gewisse Geschwindigkeit erreichte, blieben sie an ihrem Platz. In Agersö suchten sie endlich das Weite. Von Klintholm erreichten wir den Hafen nach 12 Std. Dort nahm Gleb eine Fähre nach Seeland, um dann nach Schweden weiterzufahren. Ich setze meinen Weg fort bis Bagenkop. Nun muss ich nur noch einmal durch die westliche Ostsee und bin dann in Kiel, also schon fast wieder zu Hause.

2009-08-01

Bagenkop - Kiel - Brunsbüttel

Von Bagenkop sehr schöne Fahrt zurück nach Kiel. Eigentlich sollte der Wind SSE kommen, war aber deutlich östlicher, so dass ich sofort Kurs Kiel Leuchtturm anliegen konnte. Die Windfahne steuerte präzise und so hatte ich Zeit, die letzten Meilen über die offene See richtig zu genießen. Kurz vor Kiel allerdings setzte der Wind aus, der Motor brachte mich nach Holtenau. Zu allererst fuhr ich mit dem Fahrrad in die Stadt, holte mir neue Bücher, für mich absolut notwendig, und kaufte Lebensmittel ein. Es war ein sehr schöner Tag, sommerlich warm. Am anderen Morgen legte ich bereits sehr zeitig ab für die Fahrt durch den Kanal, es sollte stürmen und ich wollte die relative Ruhe noch ausnutzen. Tatsächlich fing es nicht viel später an, ordentlich zu wehen. Konnte ich noch zu Beginn bei ca. 2400 U/Min gut 5 kn laufen, so verringerte sich meine Geschwindigkeit fortlaufend auf schließlich 3,5 kn. Da zog ich es vor, in den Gieselau-Kanal abzudrehen und bis zum anderen Morgen zu warten, die richtige Entscheidung. Jetzt liege ich in Brunsbüttel, warte bis Sonntagmorgen auf westliche Winde und werde dann Richtung Wedel aufbrechen. Ob ich es am Sonntag noch dorthin schaffe, ist ungewiss, da die Tide sehr früh kippt und dann wieder erst am Abend Niedrigwasser sein wird.

2009-08-03

Wedel - letzter Eintrag

In Brunsbüttel blieb ich noch einen Tag, machte mich erst Sonntag auf. Es wehte schwach aus SE, der Wind reichte aber aus für gutes Vorankommen, schön gleichmäßig in nicht allzu kurzen Schlägen. Die meisten Boote, die mit mir aus der Schleuse kamen, liefen unter Motor. Gegen 13:00 Uhr war auf der Höhe Pagensand nicht mehr viel Wind, Hochwasser stand kurz bevor, und so verholte ich mich in die Schwinge, legte aber gleich hinter der Eisenbahnbrücke an, mit dem Fahrrad fuhr ich nach Stade hinein. Kaffeetrinken, etwas ausruhen, und dann frischte der Wind auf aus SW. Den wollte ich ausnutzen, um doch noch nach Wedel .zu gelangen. Es war eine sehr schöne Fahrt zum Abschluss, der Wind kam achterlich, ich konnte zwischen 5 kn und 7 kn laufen, die Strömung stand dagegen, die Fahrt wurde hinausgezögert, herrlich. Mit gehisstem Groß rauschte ich in die Hafeneinfahrt, ich war wieder im Heimathafen angelangt. Die Liegeplatznachbarn empfingen mich freundlich und halfen mir beim Anlegen, ein herzliches Willkommen und ein gutes Gefühl, heil und unbeschadet wieder angekommen zu sein. Ich räumte auf, brachte die Persenning an, verstaute Tauwerk und war dann sehr neugierig, ob mein Auto nach fast zwei Monaten Standzeit noch einen Ton von sich geben würde. Ohne zu mucken sprang der Motor an, das freute mich sehr. Aus Brunsbüttel hatte ich mir eine Großpackung Bratheringe mitgebracht, es gibt sie dort in einem Edeka-Supermarkt sehr lecker eingelegt zu kaufen, die bringe ich mir stets mit, wenn ich vor Ort bin. So war zunächst Abendbrot angesagt, die Abendsonne verbreitete ein mildes Licht, eine der letzten schwedischen Bierdosen wurde geöffnet, und so hatte ich kein Verlangen mehr, nach Lokstedt zu fahren, ich blieb an Bord und vertiefte mich wieder in meine Lektüre. In Kiel hatte ich neue Bücher einkaufen können, es waren die restlichen drei Romane aus der Tetralogie: Joseph und seine Brüder. Dieses Werk stand schon sehr lange auf meiner Liste, sicherlich wäre ich auch gar nicht mehr darauf gestoßen, wenn nicht mein Bruder davon berichtet hätte. Er besuchte im letzten Semester im Rahmen von „Studieren mit 50+" eine Vorlesung zu Thomas Mann und war sehr beeindruckt. In den 80er Jahren hatte ich eine freiberuflich tätige Kollegin, die sich über einen sehr langen Zeitraum morgens um ca. 8:00 Uhr oder 9:00 Uhr die Muße nahm, die NDR-Ausstrahlung der Hörbuchversion anzuhören. Das hätte ich zu dem Zeitpunkt liebend gerne auch gemacht, ich fragte mich allerdings damals, wie sich das mit dem Lebenserwerb in Einklang bringen ließe und bewunderte die Kollegin, dass sie das zu schaffen vermochte. Vor der Reise ging ich mit der festen Absicht in die Buchhandlung, das ganze Werk zu besorgen. Die Verkäuferin riet mir aber davon ab, weil ihr die Lektüre nichts Wesentliches gebracht habe, sodass ich zunächst nur den Roman: „Der junge Joseph" kaufte, den sie mir als den ersten der Reihe ausgab. Das war einer der wenigen Fehler, die mir unterlaufen sind, denn so saß ich in den letzten Wochen auf dem Trockenem, was das Lesen betraf.

So, nun liegen 1127 sm Kielwasser hinter mir, überwiegend gesegelt, ein Privileg besonderer Art. Allein schon in einer weitgehend auto- und fernsehlosen Umgebung 52 Tage zu verbringen! Dabei allerbeste Luft zu atmen, den Augen mit einem unverstellten Blick auf die sich nur im Schneckentempo veränderten Sichtwinkel eine fortwährende Wohltat zu bieten (Ufergrundstücke sind ja meist die begehrtesten), gleichfalls den Ohren durch ständiges Gluckern, Glucksen und Rauschen des Wassers – nur untermalt vom Kreischen der Möwen oder anderer Tierstimmen und vom Pfeifen des Windes - eine Lärmentwöhnung zukommen zu lassen (deswegen ist das Ausstellen des Motors für mich der schönste Moment), den Gedanken durch die Weite der offenen See Freiräume zu öffnen (da können sie wirklich fliegen), das Gefühl der Sicherheit durch das ständige Wiegen, zuweilen auch Bocken des Bootes auf den Wellen aufzugeben zugunsten eines Vertrauens in die Unsicherheit, eben keinen festen Stand zu haben, sondern ständiges Ausgleichen, Anpassen und fortwährende Wahrschau, das zusammen wirkt wie eine hervorragende Kur. Erstaunlich, was man so alles im Kielwasser zurücklassen kann! Daher schmerzt es mich nicht, dass ich den ursprünglichen Törnplan nicht einhalten konnte. Sicherlich hätte ich sehr gerne

Litauen und Lettland besucht und Gotland und Öland. Aber auch so war es eine wunderschöne, meine bisher längste Seereise.

Mit einem herzlichen Dank an die Crew beschließe ich diesen Blog. In der Zeit, in der Ihr an Bord wart, habt Ihr diesen Törn für mich wirklich leichter und angenehmer gemacht. Es hat mir Spaß gemacht, als Skipper das Boot zu führen, mein Wissen weiterzugeben und hoffentlich ein gutes Vorbild für ordentliche Seemannschaft gewesen zu sein.

Euer
Hermann

Zu guter Letzt:
Zwei schöne Nebeneffekte

Effekt Nr.1
Die Überquerung des Atlantiks auf einer Segelyacht als Mitsegler.. Ohne die Erfahrungen des eigenen Bootes, sowohl in technischer als auch seemännischer Hinsicht inkl. der ausschließlich positiven Erlebnisse mit anderen auf engem Raum an Bord, hätte ich mich in ein solches Abenteuer sicherlich nicht begeben. Ich muss das kein zweites Mal machen, aber es war einfach wunderbar, die Welt eines

Ozeans so hautnah zu mitzubekommen.
Effekt Nr. 2
Nicht zuletzt auf diesem Hintergrund – eine Atlantiküberquerung gilt bei Vielen als eine Art ´Ritterschlag´, man steigt auf in eine andere Liga des Segelsports - hatte ich keine Hemmung, auf ein Jobangebot als Skipper zu reagieren. Auf der Internetseite handgegenkoje.de, auf der ich selbst Tagessegeln auf der Elbe anbiete, stolperte ich vor 5 Jahren über die Anzeige einer Charterfirma, die für das Mittelmeer einen Bootsführer suchte. Seitdem arbeite ich für diese Gesellschaft, zweimal jährlich am Anfang und Ende der Saison. Dadurch habe ich ein wunderbares Revier, die nördliche italienische Adria und die Küste Istriens kennen und lieben gelernt: Venedig (besonders interessant zur Biennale, einmalig die Marina St. Giorgio, gleichzeitig Heimathafen der *Companina della Vela Venezia*) Jesolo, Caorle, Grado, Triest, Piran, Novigrad, Porec, Rovinj, Pula, die Inseln der Kvarner Bucht Cres, Mali Losiinj Unije und Susak, sowie die dalmatinische Küste. Viele Freunde und Bekannte fragen mich: Wie hältst du das bloß mit fremden Menschen auf so engem Raum aus? Für mich kein Problem, ich empfinde es als enorme Bereicherung. Durch das

Familiensegeln sind alle Altersgruppen vertreten. Jeder hilft mit, man kocht gemeinsam oder geht auswärts essen, je nach Geschmack und Geldbeutel. Prima Sache.

Vor drei Jahren benötigte eine Familie aus Genf in der Schweiz eine Jacht mit 5 Kabinen, ein Boot, das die Charterfirma aus der eigenen Flotte zu dem gewünschten Zeitpunkt nicht anbieten konnte Es musste eine 50 ft Yacht angemietet werden. Dazu ein Bericht, den ich gerne in der YACHT veröffentlicht hätte (wurde nicht gemacht wegen rechtlicher Bedenken). Vielleicht interessant für diejenigen, die statt des eigenen Bootes das Chartern einer Yacht bevorzugen werden.

Ärgernis Yachtcharter

Die Überraschung sollte glücken, und dazu kam es auch, aber leider mit einem schalen Beigeschmack. Die Eltern, der Familienvorstand genoss den Ruhestand von seinem CFO-Job in einem weltweit operierenden Konzern, hatten sich für ihre fünf erwachsenen Kinder einen letzten Familienurlaub ausgedacht. Bald würden sie eigene Familien gründen, ein gemeinsamer Urlaub wäre vermutlich nicht mehr zu organisieren. Also sollte es etwas ganz Besonderes werden. Niemand außer den Eltern wusste den Urlaubsort oder die Details des Unterfangens, nur so viel: festes und leichtes Schuhzeug, Kleidung für kühles und warmes Wetter gehörten in den Rucksack, schwer zu erahnen, wohin die Reise gehen sollte. Nur die älteste Tochter hatte eine Idee, die sich als richtig herausstellen würde, die anderen ließen sich ahnungslos und in vollem Vertrauen auf die Eltern ein auf die geplante Ungewissheit. So verbrachte die Familie die erste Woche in den Alpen mit Klettern, Rafting und Wandern. Alle liebten Outdoor-Aktivitäten. Die zweite Woche war als Kontrastprogramm vorgesehen: Segeln in Dalmatien, nach wie vor viel draußen sein, aber mit etwas mehr Entspannung. Glücklich die Kinder, deren Eltern sich solches ausdenken, glücklich die Eltern, deren Kinder sich im Erwachsenenalter auf solches einlassen. Für die 7-köpfige Crew wurde eine 50 ft Yacht bestellt mit 5 Kabinen und einem Skipper. Segelerfahrung hatten sie bislang noch keine gesammelt. Für einen stolzen Betrag stand ihnen eine Bavaria 49 in Trogir, Kroatien zur Verfügung.

Als Skipper ging ich bereits Samstag an Bord, übernahm nach einem 12-stündigen Reisetag mit sommerlichen 38 Grad am frühen Abend das Boot. Ja, bei der Übergabe war alles vorhanden: das Besteck für 10 Personen, das Fernglas, der Schlegel für die Handpumpe und all die andere Ausrüstung. Auch der Außenborder befand sich brav am Heckkorb. Lediglich der unangenehme Geruch des reichlich versprühten Duftsprays hätten vielleicht schon erste Zweifel nähren müssen. Am Sonntagmorgen die erste Verwunderung: der Außenborder hing nicht mehr da. Er sei nicht mitbestellt worden, obwohl es schwarz auf weiß auf dem Voucher zu lesen war. Ich könne einen bekommen, unter der Hand für einen Freundschaftspreis ohne Quittung. Was macht man nicht alles, um einen Törn zu retten?! Ich ging auf den Deal ein.

Nun gut, die Crew reiste am Sonntag an, man baute die Kojen, verstaute das Gepäck, erhielt die Sicherheitseinweisung, ging am Abend auswärts essen, war gut gelaunt und bestens gerüstet für das Ablegen am nächsten Morgen.

Im Verlauf des Montags und Dienstags kamen nun nach und nach verschiedene Mängel zum Vorschein:

1) Das Abschalten der Instrumente (Logge, Lot, GPS) an der Schalterleiste in der Navi-Ecke verursachte einen hohen Ton. Das sei nicht weiter beunruhigend, hieß es, ich solle sie einfach angeschaltet lassen. Ein weiteres Warnzeichen!

2) Das Gitter auf dem Herd war nicht solide befestigt, die vier Aufnahmen/ Verbindungsstücke mit der Herdplatte waren verbogen bzw. gar nicht vorhanden, der Rost rutschte hin und her, Kochen auf See schied daher aus. Selbst im Hafen musste am Herd äußerste Vorsicht walten, damit man sich nicht mit kochend heißem Wasser verbrühte.

3) Bei zwei Schränken waren die Scharniere defekt. Wenn man sie öffnete, hingen die Türen schräg am Schrank.

4) Die WC-Pumpe in einem der drei Toiletten war sehr schwergängig, praktisch standen daher nur zwei Nasszellen zur Verfügung.

5) Die Badeleiter ließ sich nur mit Mühe zusammenklappen, ein lästiger Aufwand nach jedem Badespaß.

6) An der Ankerwippe fehlte die

vordere Kunststoffrolle, die Kette lief (nicht) über einen Steg, wir mussten sie umscheren auf die verbliebene Rolle. Anker aufholen gestaltete sich als äußerst mühselig.

7) *Die Ankerkette wurde von der Nuss nicht richtig transportiert, sie sprang über und konnte nur mit Fußdruck umständlich eingeholt werden.*
8) *Der Sprayhood-Beschlag an der Steuerbordseite war verbogen und nur notdürftig mit einer Schraube fixiert, beim Einklappen sprang die Halterung heraus, ein Ausklappen war erst nach aufwändigem Abbau und erneutem Einhängen des Gestänges möglich.*
9) *Das Werkzeug für die o.a. Arbeit war unbrauchbar.*
10) *Unter dem Salontisch fehlte eine Schraube, wodurch sich dort keine Koje bauen ließ.*
11) *Das Bugstrahlruder versagte seinen Dienst am Mittwoch. Es hätte am Freitagnachmittag von Nutzen sein können, als sich ca. 25 Charteryachten bei Windstärke 4 vor der Tankstelle drängelten, um sich für den nächsten freien Platz in Stellung zu bringen.*

12) Und das Tollste: Nach dem zweiten Einsatz gab der doppelt bezahlte Außenborder seinen Geist auf, er ließ sich nicht mehr starten.

Kurz und gut: Am Mittwoch machten die Eltern ihrer Verärgerung Luft und schrieben eine Mail an die Reiseagentur. Entgegenkommen wurde von dort signalisiert, die Wogen glätteten sich, die Stimmung hellte sich wieder auf. Das gute Wetter, der leichte bis mittlere Wind, die sanfte Welle, das Super-Kaffee-Segeln, die gute kroatische Küche, die wunderschöne Inselwelt, die Brunch- und Badepausen auf hoher See, das Schwimmen in kristallklarem Wasser, der Überraschungsurlaub mauserte sich zu einem fast perfekten Törn. Schade, dass ein schlecht gewartetes Charterboot die Freude am Segeln erheblich trübt, so etwas muss nicht sein, zieht die ganze Branche in Misskredit!

Liebe Leser,

lohnt sich die Anschaffung eines eigenen Bootes? Das war die Ausgangsfrage im Untertitel. Wer auch zwischen den Zeilen gelesen hat, der weiß, dass ich diese Frage für mich auch in der Nachschau mit einem Ja beantworten kann. Für mich war das Drumherum fast genauso interessant wie das Segeln selbst. Die Kontakte, das Klönen, der Austausch, die Ambitionen einmal die Vereinsregatta zu gewinnen, den Segelsport mit allen Facetten zu erfahren, in meiner Situation eine richtige Entscheidung.

Ob für Sie das Gleiche gilt?! Die Chartergäste haben eine gute Zeit für eine oder zwei Wochen und haben keinen Klotz am Bein mit einem eigenen Boot. Wer die Arbeit, die damit verbunden ist, als Last empfindet, der sollte diese entweder durch eine Firma erledigen lassen oder sich von der Idee eines eigenen Bootes verabschieden.

Ob Sie nun als Freizeitkapitän auf eigenem Kiel unterwegs sind oder auf einer Charteryacht oder im einfachsten Fall als Mitsegler, ich wünsche Ihnen allzeit gute Fahrt und immer eine Handbreit Wasser unter dem Kiel!

Empfehlenswerte Bücher

Juan Baader u.a.	Seemannschaft Hanbuch für den Yachtsport Delius Klasing
Sir Francis Chichester	Held der sieben Meere Allein um die Welt in einer Einhandyacht Frederking & Thaler
D.H.Clarke	Sie waren die ersten Segler bezwingen die Meere Delius Klasing
K.Adland Coles	Schwerwettersegeln Delius Klasing
Wilfried Erdmann	Mein Schicksal heißt „Kathena" dtv junior
Wilfried Erdmann	Allein gegen den Wind Nonstop in 343 Tagen um die Welt Delius Klasing
Hans Habeck	Mal seh´n wie weit wir kommen Delius Klasing
Rüdiger Hirche Gabi Kinsberger	Vom Alltag in die Südsee

Autor	Titel
Rüdiger Hirche	Delius Klasing Blauwassersegeln heute
Gabi Kinsberger	Planung Ausrüstung Delius Klasing
Rüdiger Hirche	Amateurfunk an Bord Praxiswissen Delius Klasing
Bernard Moitessier	Der verschenkte Sieg Delius Klasing
Sönke Roever	1200 Tage Samstag Weltumseglung… Delius Klasing
Uwe Röttgering	Die See gehört mir Delius Klasing
Bobby Schenk	Blauwassersegeln Delius Klasing
Sprungala Radtke	Blue Ship Zwei Männer und viel Meer Delius Klasing